MELHORES
POEMAS

Dante
Milano

Direção
EDLA VAN STEEN

MELHORES POEMAS

Dante Milano

Seleção
IVAN JUNQUEIRA

© Alda Milano, 1996

1ª EDIÇÃO, GLOBAL EDITORA, SÃO PAULO 1998
1ª REIMPRESSÃO, 2008

Diretor Editorial
JEFFERSON L. ALVES

Gerente de Produção
FLÁVIO SAMUEL

Projeto de Capa
VICTOR BURTON

Assistente Editorial
ALEXANDRA COSTA DA FONSECA

Revisão
ALEXANDRA COSTA DA FONSECA
SANDRA REGINA FERNANDES

Editoração Eletrônica
ANTONIO SILVIO LOPES

Dados Internacionais de Catalogação na Publicação (CIP)
(Câmara Brasileira do Livro, SP, Brasil)

Milano, Dante, 1899-1991.
    Os melhores poemas de Dante Milano / Selecionador
Ivan Junqueira – São Paulo : Global, 1998. – (Os me-
lhores poemas ; 36)

    Bibliografia.
    ISBN 85-260-0567-7

    1. Poesia brasileira I. Junqueira, Ivan, 1934-
II. Título.

97-5716   CDD–869.935

Índices para catálogo sistemático:

1. Poesia : Século 20 : Literatura brasileira 869.935
2. Século 20 : Poesia : Literatura brasileira 869.935

Direitos Reservados

 GLOBAL EDITORA E DISTRIBUIDORA LTDA.

Rua Pirapitingüi, 111 – Liberdade
CEP 01508-020 – São Paulo – SP
Tel.: (11) 3277-7999 – Fax: (11) 3277-8141
e-mail: global@globaleditora.com.br
www.globaleditora.com.br

    Colabore com a produção científica e cultural.
Proibida a reprodução total ou parcial desta obra
            sem a autorização do editor.

Nº DE CATÁLOGO: **1991**

Ivan Junqueira nasceu no Rio de Janeiro em 1934. Poeta, ensaísta e crítico literário, recebeu em 1996 o diploma de "notório saber" da Universidade Federal do Rio de Janeiro. É o atual editor executivo da revista *Poesia Sempre*, da Biblioteca Nacional. Publicou vinte e quatro títulos, incluindo-se as traduções de Baudelaire, Dylan Thomas, Proust, T. S. Eliot, Leopardi e Chesterton. Como ensaísta, publicou, entre outros, *Testamento de Pasárgada* (1981), *À sombra de Orfeu* (1984), *O encantador de serpentes* (1987), *Prosa dispersa* (1991) e *O signo e a sibila* (1993). Entre os seus livros de poesia, destacam-se *A Rainha Arcaica* (1980), prêmio Nacional de Poesia do Instituto Nacional do Livro, e *A sagração dos ossos* (1994), Prêmio Luiza Cláudio de Souza, do PEN Club do Brasil, e Prêmio Jabuti, da Câmara Brasileira do Livro. Tem no prelo *O fio de Dédalo* (ensaios), a sair este ano pela Record.

DANTE MILANO: O PENSAMENTO EMOCIONADO

Em outras palavras, seu pensamento
é de fato sua forma.

Sérgio Buarque de Holanda

Dante Milano é, como amiúde já se disse, a maior "vocação póstuma" de toda a literatura brasileira. Mas por que assim o consideram? Em certo sentido porque ele próprio assim o pretendeu, já que nunca cogitou em vida de publicar seus poemas, o que, afinal, acabou por acontecer em 1948, quando o poeta já beirava os cinqüenta anos, mas à sua inteira revelia: um amigo, Queirós Lima, pediu-lhe emprestado os originais e levou-os para a Imprensa Nacional. Cerca de dois meses depois reapareceu com as provas e solicitou ao poeta que fizesse as emendas. Mas estas foram tantas que a Imprensa Nacional recusou-se a publicar o volume. Um ano depois, entretanto, em 1948, o livro foi editado pela José Olympio, tornando-se, como na época se comentou, o maior acontecimento literário do ano, tendo a obra recebido o Prêmio Filipe de Oliveira, láurea que hoje se poderia comparar ao Prêmio Jabuti. Seguiram-se, a longos intervalos, duas outras reedições, sempre acrescidas de novos poemas – a de 1958, pela Agir, e a de 1971, pela Sabiá –, até que o Núcleo Editorial da UERJ, em convênio com a Civilização Brasileira, decidiu em 1979 reeditar-lhe toda a poesia, além de boa parte das traduções e da prosa publicada em jornais. Finalmente em 1994, pela Firmo, de Petrópolis, foi lançada a última edição, já póstuma, de suas *Poesias*. Apesar dessas reedições, Dante Milano foi o poeta de um livro único, um livro que, se dependesse dele, jamais seria publicado. É em parte nesse sentido que seus pares o entendem como uma "vocação póstuma". Mas cabe aqui outra interpretação: Dante Milano foi "póstumo" também no sentido de que jamais freqüentou com assiduidade as rodas literárias e, mais ainda, porque sempre lhe repugnou quaisquer formas de popularidade ou mesmo de glória. Em entrevista que concedeu a TVE, João Cabral de Melo Neto diz que, de todos os poetas que conheceu, Dante Milano era "o que menos fazia vida literária, o mais retirado, aquele que fazia uma poesia mais independente de qualquer modismo". E acrescenta pouco adiante: "Ele vivia para a poesia no sentido de viver em poesia, e não no sentido de se dar a conhecer como poeta. Ele era sob certo ponto de vista, vamos dizer, moral, o poeta puro por excelência." Tudo isso está confirmado na última entrevista que Carlos Drummond de Andrade deu ao *Jornal do Brasil*, na qual observa: "Temos um poeta de quase noventa anos que mora em Petrópolis e ninguém o conhece. Ele é da geração modernista, um grandíssimo poeta. Chama-se Dante Milano." E se recorrêssemos ao próprio poeta, o que vamos encontrar é sempre o mesmo, talvez até de forma mais enfática, como se lê em entrevista que ele próprio concedeu àquele mesmo jornal em agosto de 1987. Indagado sobre sua aversão à fama, respondeu Dante Milano: "A fama tira a sua privacidade. Não gosto de ser apontado na rua, não gosto que ninguém me reconheça. Quanto à glória, é uma ilusão, é algo que muda como mudam as folhas de uma árvore. Um dia você é famoso, daqui a pouco não é mais." Foi a ameaça dessa mundanidade, aliás, que o levou a escrever num de seus poemas:

"Tanto rumor de falsa glória,
Só o silêncio é musical,
Só o silêncio,
A grave solidão individual,
O exílio em si mesmo,
O sonho que não está em parte alguma."

Daí esse conceito de "vocação póstuma", que não pode ser descartado quando se examinam a gênese e a evolução da poesia de Dante Milano.

Embora egresso do Modernismo de 1922, Dante Milano é, na verdade, anterior ao movimento modernista, do qual participou à distância e ao qual, efetivamente, jamais se filiou nem durante nem depois da festiva e turbulenta década de 1920. Não há dúvida de que apoiou o movimento, pois nele via, como todos os artistas da época, um caminho de libertação estética. A rigor, entretanto, o Modernismo pouco ou nada teria a oferecer-lhe em termos de subsídio literário ou de plataforma estética. E mais: à época da agitação modernista, o poeta Dante Milano já estava pronto, infenso, portanto, a quaisquer aquisições mais profundas e radicais do ponto de vista formal, ainda que aberto e sensível às conquistas expressionais do movimento. Por outro lado, dizer-se que, entre 1920 e 1948 – quando saiu a primeira edição das *Poesias* –, haja ele se conservado na condição de bissexto não procede: Dante escrevia muito – e muitíssimo destruiu do que escreveu –, conquanto nada publicasse em livro até aquela data. A que se deve, então, esse altivo silêncio, essa monástica reclusão, esse obsessivo mutismo editorial – cúmplice, talvez, daquela "vocação póstuma" a que já aludimos? É o que tentaremos decifrar, leitor, se possível com o seu benévolo e empático beneplácito.

Parece-nos que há, pelo menos, dois indícios capazes de nos levar à compreensão parcial desse procedimento, que não pode ser aceito como fortuito. Primeiro, o que estaria associado ao próprio temperamento do poeta, sempre esquivo aos círculos literários oficiais. Embora conhecido e celebrado por quase todos os seus contemporâneos, além de assíduo *habitué* dos grupos boêmios da antiga Lapa, Dante Milano nunca se sentiu inteiramente à vontade enquanto descendente desse ruidoso e noctâmbulo *habitat*. E jamais dele se valeu, como alguns outros nessa época, para angariar, como ele mesmo o diz, qualquer "rumor de falsa glória". A irreversível e funda solidão na que posteriormente haveria de viver o poeta já deveria se lhe impor então como irrecusável exigência espiritual, assim como aconteceu com Manuel Bandeira, talvez seu maior amigo, ao lado de Olegário Mariano, Osvaldo Costa, Jaime Ovalle, Ribeiro Couto e mais alguns outros. Segundo, sua poesia, como oportunamente observa Sérgio Buarque de Holanda, nada tem a ver com o que "foi escrito entre nós nestes vinte ou trinta anos".[1] Ocorreria então uma defasagem esté-

---

1. HOLANDA, Sérgio Buarque de. "Mar enxuto". In: *Cobra de vidro*. São Paulo, Perspectiva, Col. Debates, 1978.

tico-literária, consubstanciada no ulterior afastamento do poeta relativamente a um momento histórico e editorial que não lhe dizia respeito. É que, contrariando as tendências efusivas e algo emocionais da poesia brasileira – mas não, necessariamente, as da poesia de língua portuguesa –, Dante Milano cultiva uma poética do pensamento emocionado, como o fizeram os chamados "poetas metafísicos" ingleses do século XVII, o que não significa que sua expressão haja renunciado à emoção. Quem nele *sente*, porém, é o pensamento. Em outras palavras, sua poesia busca atender àquelas exigências eliotianas do *objetive correlactive*, ou seja, transformar o ato de sentir em emoção pensada e o ato de pensar em reflexão sentida. Ou, ainda, como disse certa vez o nosso Manuel Bandeira a respeito do autor das *Poesias*: "Exemplo singularmente raro em nossas letras, parece o poeta escrever seus versos naquele indefinível momento em que o pensamento se faz emoção".[2]

Como já havíamos sublinhado em estudo sobre Eliot, o fato não é novo: assim o fizeram, entre outros e cada qual ao seu modo, Sá de Miranda, Camões, Antero de Quental, Camilo Pessanha e Fernando Pessoa, isto para ficarmos apenas na poesia de língua portuguesa. Quanto a Dante Milano, que o confirmem o já citado Manuel Bandeira; Sérgio Buarque de Holanda, quando afirma que, em "outras palavras, seu pensamento é de fato sua forma"[3]; ou Franklin de Oliveira, ao assegurar-nos que a poesia de Dante Milano é a "poesia das significações", já que nela a

---

2. BANDEIRA, Manuel. *Política e Letras*, Rio de Janeiro, 1948.
3. HOLANDA, Sérgio Buarque de. Op. cit.

emoção, "governada pela inteligência", se apresenta "rarefeita, restaurada, reconstituída sob o império da lucidez".[4] Isso explica, talvez, porque não se possa considerar o autor como poeta estritamente lírico, ou então seu lirismo (ou "antilirismo sinistro", no entender de Paulo Mendes Campos[5]) seria aquele capaz de, como insiste Franklin de Oliveira em seu arguto estudo, "harmonizar pensamento e encantação", conjugando assim o substrato referencial do pensamento lógico à ambigüidade semântica do pensamento simbólico ou metalógico. Ora, a essa linguagem tensa e severa, a essa poética de essências e significações, a essa expressão, enfim, na qual se conjugam os mandamentos do rigor, do ascetismo e do equilíbrio, se poderia aplicar, como a pouquíssimas outras, aquele conceito wordsworthiano segundo o qual a poesia deve ser apreendida como uma *emotion recollected in tranquility.*

Para melhor compreendermos as raízes de todo esse instigante complexo estético-literário, entretanto, impõe-se dissecar um pouco as vísceras do próprio *corpus poeticum* milaniano no âmbito de uma análise que se pretenderá, daqui em diante, estritamente textual. Para tanto, consideraremos aqui os seguintes elementos incidentais ou já declaradamente estilísticos: 1) o próprio texto do legado poético em pauta; 2) a convicção, por parte do autor, de que a poesia é produto do pensamento emocionado ou, como insinua Fernando Pessoa, de um pensa-

---

4. OLIVEIRA, Franklin. "A claridade estelar". In: *Correio da Manhã*, Rio de Janeiro, 30-1-1972.
5. CAMPOS, Paulo Mendes. "O antilirismo de um grande poeta brasileiro". In: *Jornal do Brasil*, Rio de Janeiro, 29-1-1972.

mento que se "emocionaliza"; 3) o predomínio do símile sobre a metáfora; 4) o "ritmo semântico", já denunciado por Sérgio Buarque de Holanda em seu luminoso ensaio sobre a poesia do autor; 5) a prevalência das formas ditas fixas ou regulares sobre o verso livre; 6) os esquemas rímicos e a flutuação métrica; 7) os campos semântico-vocabulares; 8) o aproveitamento plástico-visual da estrutura poemática; 9) o "antilirismo sinistro" da linguagem do autor, que preferiremos aqui chamar de lirismo "fantasmagórico" ou "visionário"; 10) o substrato temático; e 11) clacissismo e modernidade. É claro que tais elementos serão sempre considerados ou referidos de forma assistemática e mobilizados apenas na medida em que, cumulativamente ou não, forem capazes de oferecer subsídios concretos ao melhor esclarecimento do texto.

O que chama logo a atenção de quem se imponha uma leitura mais atenta dos 141 poemas em que se resume todo o cânon milaniano é sua irrepreensível unidade – unidade de forma, de estilo, de linguagem, de abordagem temática, de ritmo e até de vocabulário. Acostumado à seleta e austera companhia dos antigos e leitor contumaz de Dante Alighieri (de quem verteu modelarmente três dos cantos do *Inferno*), Horácio, Virgílio e Leopardi (sobre quem escreveu um memorável estudo), bem como de outros autores italianos do *Trecento* e do *Cinquecento*, dos pré-rafaelitas ingleses, de Camões e daqueles que, como Baudelaire e Rimbaud, já antecipavam a poesia moderna na segunda metade do século XIX, Dante Milano formou-se, enquanto modernista, a partir de uma herança acima de tudo classicizante. Sua poética é, por isso mesmo, um tecido de cruezas expressionais e significações objetivas, um voto de fidelidade à *clarté* cartesiana, um exercício *raisonnant* de "imaginação irônica", em tudo oposta à difusa deliqüescência da "ironia romântica". E reside aqui, sem dúvida, o segredo de sua unidade estilística e formal, essa unidade que, como ensina Buffon, nada mais é que um reflexo da unidade do próprio espírito.

Nada disso, entretanto, nos autoriza a arriscar uma definição precisa a que obedece a *gestalt* poética de Dante Milano ou da matéria que lhe informa e sustenta a tessitura verbal. De um ponto de vista estritamente conceitual, ficaremos aqui, ainda uma vez, com Sérgio Buarque de Holanda, que recorre à antiga noção de "realismo estético", entendendo-se realismo como a concepção medieval que se opunha ao nominalismo e ao conceptismo, ou seja, como atitude filosófica que afirmava possuírem as idéias uma existência independente das coisas concretas, o que vale dizer, *ante res*. E isso porque, como admite o autor de *Cobra de vidro*, tudo nos leva a crer que "a poesia tem uma realidade independente da matéria que serviu para sua criação, é por assim dizer exterior a essa matéria, participando muito mais do espírito de seu criador, ou da época, da finalidade, das circunstâncias, do ambiente em que foi criada".[6] É claro que não se pode dizer da poesia de Dante Milano que ela seja neoplatônica, como o foram os adeptos daquele tipo de realismo, mas não se deve esquecer também que os pensadores medievos, ao considerar a natureza dos universais, se contentaram em afirmar apenas a

---

6. HOLANDA, Sérgio Buarque de. Op. cit.

14

existência das idéias na mente divina, escamoteando por completo quaisquer possibilidades de participação humana no processo do conhecimento conceitual. Tratava-se, como se vê, de um platonismo subserviente aos dogmas escolásticos. Se procedermos a uma redução ontológica, entretanto, veremos que esse vínculo espiritual entre poeta e poema se torna extraordinariamente íntimo e palpável, justificando-se assim a suposição daquele ensaísta de que "seria possível meditar um pouco sobre alguns pormenores formais"[7] da poesia milaniana.

É justamente essa redução ontológica que nos permite entender também a consciência do poeta quanto à sua caducidade e contingência humanas, quanto à sua crença de que o ser progride apenas para a morte e que, enquanto tal, só lhe resta mesmo aceitar a condição de "culpado" até do ato de existir, como ele próprio nos confessa, aliás, ao dizer que é

"homem culpado de ser homem,"

revelando-nos, assim, uma dramática consciência agônica de si mesmo e da existência, o que o levará à escolha da morte como tema nuclear de toda a sua dolorosa e crispada mentação poética. Por outro lado, essa consciência cósmica e quase táctil da morte, que se avoluma e sazona como um fruto, lembra-nos a daquele ser que, como o pretendiam Rilke e Heidegger, estaria maduro apenas para a *sua* morte, cuja verônica se imprime a fundo no "ar de despedida" que parecem adquirir os vivos em seu penoso e

---

7. Idem, ibidem.

efêmero périplo terráqueo. E é isso, sem dúvida, o que também nos insinua Dante Milano ao afirmar que

"Viver é um ir-se embora
Da vida, hora após hora..."

A evasão só lhe será possível, todavia, através do amor – do amor sem objeto, bem entendido, e que será sempre celebrado

"Em ato não, mas só em pensamento."

Ou do sonho, "que não está em parte alguma" e que, às vezes, é "maior que o sonho de quem dorme". Segundo cremos, é sobre esse tripé temático – a morte, o amor e o sonho – que se articula, basicamente, o discurso poético milaniano. Que o confirmem os dados estatísticos que nos demos o trabalho de compulsar nos estratos vocabulares do autor. Assim, nos 141 poemas que nos deixou Dante Milano, registramos 77 referências explícitas ou diretas à palavra "morte", ou a seus símiles semântico-morfológicos (excluídos os vocábulos de significado próximo ou contíguo, como "suicídio", "cadáver", "defunto" etc.); 69 à palavra "amor", ou a seus símiles de idêntica natureza; e 58 à palavra "sonho" (incluindo-se aqui o vocábulo "sono", que fisiologicamente a contém e semanticamente a pressupõe). Se considerarmos ainda as difusas e multiformes ramificações que se irradiam de cada um desses temas e que, não raro, se entrelaçam numa trama inconsútil de correspondências e isocronias, teremos então esboçado um segmento assaz abrangente do universo vivencial milaniano. Parece-nos, ainda, que cada um desses temas emite uma ou duas ramificações principais e outras subsidiárias ou apenas adjacentes. A morte, por exemplo, é vista sobretudo como um impulso que projeta o ser para além da própria morte, confundindo-se amiúde com a impressão abismal que por vezes nos infunde o amor, como se vê na invocação que serve de coda ao poema "Fanal distante":

"Vem, morte, dor mais branda,
Com esse olhar estagnado e o sorriso tenaz.
Vem, morte, e mata o amor, vem, morto mar.
E se isso não é morte, o que é o amor?"

Outras vezes, porém, ela se confunde, não com o amor, mas com o pressuposto escatológico do repouso eterno, pois o verdadeiro *hosanna* será entoado apenas por aqueles

"que já morreram
E são dignos da paz espiritual."

Em outros casos, ainda, a morte tangencia o sonho e instaura uma como que transmutação onírica através da qual o morto desdenha a própria morte, ultrapassando-lhe os confins corpóreos da dissolução cósmica:

"Quem sonha se transfigura,
Quem morre sorri da morte."

Quanto ao amor, não há dúvida alguma de que, para Dante Milano, é ele um sentimento que se experimenta, quando grande e autêntico, apenas a um, na infinita e imperturbável solidão individual, o que de modo algum implica o expurgo do *outro* enquanto sujeito de convívio e fruição sensual. Essa noção de

17

amor sem objeto definido, sem possessão ou partilha – e que somente a si próprio tem por meta –, pode ser desglosado em diversos poemas do autor, como "Homenagem a Camões", "Sombra na água", "Vesperal", "Divagação", "Mulher contemplada", "Meditação da carne", "Olhos fechados", "O corpo de Vênus", "Separação", "Furtivo", "Poema do falso amor" ou "Diálogo". Mais do que estes, "A busca" é quase um paradigma da condenação do poeta ao "vulgar amor dos homens" e de sua crença naquele

> "Amor, amor sem objeto,
> Que anda à procura do amor."

E, mais do que este, o majestático Soneto III, de "Sonetos e fragmentos", nos desvela o nervo mais recôndito desse amor que, ao nutrir-se apenas de si próprio, conjuga a caducidade fenomênica do *agora* à infinitude espiritual do *eterno*. Para compreendê-lo, força é que se recorra à transcrição integral:

> "O amor de agora é o mesmo amor de outrora
> Em que concentro o espírito abstraído,
> Um sentimento que não tem sentido,
> Uma parte de mim que se evapora.

> Amor que me alimenta e me devora,
> E este pressentimento indefinido
> Que me causa a impressão de andar perdido
> Em busca de outrem pela vida afora.

> Assim percorro uma existência incerta
> Como quem sonha, noutro mundo acorda,
> E em sua treva um ser de luz desperta.

> E sinto, como o céu visto do inferno,
> Na vida que contenho mas transborda,
> Qualquer coisa de agora mas de eterno."

Como poucos, esse soneto justificaria aquele juízo de Manuel Bandeira, segundo o qual Dante Milano parece escrever "seus versos naquele inefável momento em que o pensamento se faz emoção". Para Dante Milano, a realidade da vida somente se *realiza*, enquanto floração fenomênica, na medida em que se *irrealiza*. Assim, o que lhe importa é

> "A vida, a verdadeira vida,
> Aquela que não é vivida,
>
> A que é perdida, sonhada,
> A realidade irrealizada."

O poeta voltará a afirmá-lo em diversos outros poemas, como seria o caso de "Glória morta", no qual, já distante da turbulência dos sentidos e investido na condição de demiurgo da realidade inteligível, nos confessa que

> "De tão lúcido, sinto-me irreal."

Atitude quase idêntica é a que iremos encontrar em "Sol forte", no qual, após especular sobre a origem da perplexidade humana diante da existência, responde o poeta:

> "Porque, sobre o mistério, um sol tão forte
> Que revela a existência e esconde a morte:
> Tanto sonho e tão pouca realidade!"

Assim também em "Noite", em que sustenta que

> "Todos os sonhos são verdadeiros."

E o mesmo em "Sombra no ar", ao admitir ser

"Este mundo a que vim, de pedra e sono."

E também o mesmo, ainda, em "O homem e sua paisagem", cujo primeiro verso nos ensina que

"Toda paisagem tem um ar de sonho."

Ou afinal em "Gruta", em que implora a Deus que lhe "dê sonhos...". Assim, a realidade só será real na medida em que não o for. Ou melhor, somente o será, enquanto tal, na medida em que se confunda ao esgarçado tecido onírico, à "gaze que não se rasga" e que é

"Opaca flor de mármore,
Sonho compacto, carne."

Essa noção de *realidade irrealizada* só poderia mesmo levá-lo, como anteriormente se disse, à certeza de que a vida, tanto para o vivo quanto para o morto, é apenas "tempo perdido", como se lê em "Cantiga":

"A vida é tempo perdido.
O que se ganha é bem pouco.
Que vale ao morto o vivido?
Que vale ao vivo, tampouco?"

Vejamos agora qual a natureza desse sonho, que de modo algum pode ser identificado apenas com a função fisiológica desempenhada pelo inconsciente durante o sono, ou seja, com o "sono de quem dorme". Para Dante Milano, o expediente onírico não se destina a alienar o ser da realidade que o cerca. Quem sonha o faz sempre de olhos abertos. Quem sonha não dorme: acorda para uma visão interior, passando assim a comportar-se segundo as premissas de um pensamento mágico e, necessariamente, metalógico. Eis porque a realidade se irrealiza. Em "Duplo olhar", essa perspectiva visionária da realidade interior manifesta-se particularmente nítida e aguda:

"E há a visão interior de olhos abertos,
A de quando desvio o olhar do livro
Para um lugar mais livre, mais distante,
E me parece uma visão divina
A paisagem que vejo todo dia."

Já em outros poemas, a faculdade de ver o invisível para além da episodiação lógica opera no sentido de subsidiar a compreensão do amor, que só pode ser entendido em sua totalidade através de uma visão, como ocorre em "Corpo":

"Absorvi a existência,
Vi todas as coisas numa coisa só,
Compreendi tudo desde o princípio do Mundo."

Ou em "Cântico", em que o poeta *sonha*

"a carne
E seu mistério,
O que ela tem de intangível,
Inatingível
Como uma visão!"

Mas será em dois sonetos, dois sonetos gêmeos e soberbos – o de número VII, de "Sonetos e fragmentos", e "Metamorfoses", pertencente às "Variantes de temas antigos", que mais agudamente se perceberá o papel desempenhado pelo sonho no processo do conhecimento amoroso, como se o poeta recorresse a uma gnosiologia fantasmagórica que lhe permitisse ver "de olhos abertos" a supra-realidade da vida. São esses assombros e fabulações surrealistas, aliás, que lhe caracterizam aquele fulgurante lirismo visionário, talvez o mesmo que levou Rimbaud a exclamar, perplexo: "Et j'ai vu quelquefois ce qu'il homme a cru voir!", tal como o lemos em "Le bateau ivre". E foi isto, sem dúvida, o que *viu* Dante Milano no Soneto VII, quando na "noite cor de sono, cor de sonho", uma mulher aparece

> "E em meus braços se atira. Então, absorto,
> Vi que o corpo, quando ama, desfalece,
> Vi que o rosto, ao beijar, parece morto,
> Como se o beijo os lábios lhe torcesse,
> A boca toma a forma de um sorriso
> Que se contrai, como se o beijo doesse.
> Visões do amor, possuídas mas incertas,
> O corpo se entregou, mas indeciso,
> E deixou-se cair de mãos abertas."

"Visões do amor..." Não muito diferem destas as que o poeta volta a *ver* em "Metamorfoses", no qual nos assegura que, ao sonhar um

> "Sonho maior que o sonho de quem dorme,
> Eu vi, de olhos despertos, fabulosas
> Metamorfoses, conexões monstruosas
> Entre o olhar e a aparência multiforme."

E, como lá, também aqui essas "visões" são "incertas", contempladas em meio à mais insólita perplexidade:

"E num leito de amor já vi perplexo
Seios com olhos! e mudar-se a dura
Nuca em anca, o ombro em joelho, a axila em sexo,
O dorso em coxa, o ventre em fronte pura."

Conquanto seja temerário afirmar, é possível que a escolha dessa tríplice temática (na verdade, ela é inumerável) guarde algum parentesco com a galáxia de recursos técnicos, formais e estilísticos mobilizados pelo autor ao longo desses 141 poemas. É que a poesia de Dante Milano envolve um contínuo esforço ascensional em busca da transcendência, do absoluto, do eterno. O chamado lirismo cotidiano, tão explorado pelos modernistas, ou o humor pedestre do poema-piada praticamente inexiste nos versos do autor, que jamais atua no nível do tempo presente ou do imediatismo histórico. Para ele, assim como para Eliot em *Burnt Norton*, o primeiro dos *Four quartets*,

"O meu passado é todo o meu presente
E todo o meu futuro é já passado...",

pois o que conta é o tempo interior, ou seja, a *durée* metalógica de um tempo que, conforme o pressupunha Bergson, se distende para além do próprio tempo e que, como tal, jamais poderia estar incluso na transitoriedade de um lirismo do dia-a-dia. Por isso nos diz ele que

"O tempo eterno é para mim esta hora,

acrescentando:

Bem no fundo de meu ser obscuro
Lembro-me antigamente do futuro."

Pode-se mesmo dizer que o poeta se move numa espécie de pantempo, submerso na correnteza dos momentos passados e futuros que, simultaneamente, se entrecruzam e se invertem, como se pode ver em "Ao tempo":

"Tempo, vais para trás ou para diante?
O passado carrega a minha vida
Para trás e eu de mim fiquei distante,

Ou existir é uma contínua ida
E eu me persigo nunca me alcançando?
A hora da despedida é a da partida

A um tempo aproximando e distanciando...
Sem saber de onde vens e aonde irás,
Andando andando andando andando andando

Tempo, vais para diante ou para trás?"

Mas foi por coexistir com esse ir-e-vir que pôde o poeta realizar sua extraordinária síntese entre passado e futuro, entre classicismo e contemporaneidade. Assim, embora fiel à herança clássica, Dante Milano revela uma dicção e uma expressão genuinamente modernas, mas que, na maioria das vezes, só encontram sua plena realização quando desenvolvidas dentro dos "limites" das chamadas formas fixas ou regulares, muito embora o poeta só o faça, ortodoxamente, com relação ao soneto. Por outro lado, Dante Milano adota amiúde esquemas de estrofação (dísticos, tercetos, quartetos, pentásticos) e de isocronia rímica inteiramente avessos à iconoclastia modernista, chegando mesmo a reviver – com inexcedível mestria, aliás –, a *terza rima* dantesca. E o surpreendente é

24

que, quanto mais atenta a essa rígida ossatura formal, mais fluida e espontânea se torna a sua poesia, assim como ocorre no caso de Odylo Costa Filho, cuja poesia – como ele próprio escreveu – só era "livre porque cativa". Observe-se, por exemplo, a fluidez absoluta dos admiráveis dísticos (no caso, arrímicos) nos quais se apóia o poema "Imagem", em que aflora, aliás, a obsidiante volúpia do autor pelo branco e pelas formas radiantes da luz, dessa luz que – como dirá ele depois –, por "mais que resplandeça", é sempre *cega*:

"Uma coisa branca,
Eis o meu desejo.

Uma coisa branca,
De carne, de luz,

Talvez uma pedra,
Talvez uma testa,

Uma coisa branca,
Doce e profunda,

Nesta noite funda,
Fria e sem Deus.

Uma coisa branca,
Eis o meu desejo,

Uma coisa branca,
Bem junto de mim,

Para me sumir,
Para me esquecer,

Nesta noite funda,
Fria e sem Deus."

Essa obsessão pelo branco – que nada mais é, no nosso entender, do que um reflexo dantesco da "metáfora sobre a geração da luz", como argüiu Ezra Pound em relação à fulgurante escrita paradisíaca – percorre toda a poesia do autor, que a manifesta até mesmo em seus derradeiros poemas, como, entre outros, "Nuvem acesa", "Noturno do Praia-Hotel", "Objeto de arte" ou "Diálogo". É curioso observar, também, que essa *prima forma in materia creata*, como diria Roberto Grosseteste de uma luz que é anterior a Dante, esteja amiúde associada àquela "pedra" milaniana, indício hierático da imutabilidade das inatingíveis formas eternas que, desde o início, haverão de seduzir o poeta. É a essa "pedra" que, pelo resto da vida, ele se abraçará em vão, pois que vão é todo afã de imobilizar o fluxo do tempo:

"Pedra, coisa do chão, face parada,
Indiferente à carícia da mão,
Figura inerte que não sente nada,
Corpo que dorme e a que me abraço em vão."

Ainda no que concerne ao uso de certas formas métricas da preferência do poeta, medite agora o leitor sobre a "infração" cometida nos hexâmetros dessas *terzi rime*, onde Dante Milano substitui a rima alternada, característica das *terzine* dantescas, pela rima continuada. Eis as sete últimas terzinas de "Os reis", poema que principia com a tragédia de Macbeth e termina com a daquele "Rei dos Reis" que morreu na cruz para nos salvar:

"Aquele rei decrépito,
De bruxedos adepto,
Astuto mas inepto.

Aquele rei demente
Que olha traiçoeiramente
E sorri com um só dente.

Aquele rei profeta
Que insulta, ameaça, inquieta
A turba analfabeta.

Os reis e sua glória,
De quem se escreveu a história
Para a eterna memória.

Dentro ou fora da lei,
Bom ou mau, rei é rei
E eu sempre os respeitei.

Mas o rei principal,
personagem fatal
Deste mundo teatral,

É aquele Rei dos Reis
Que igual a Deus se fez.
Mais humano, talvez."

Consigne-se, a propósito, que o tema dos reis – dos reis malditos, devassos, velhacos, decrépitos, vagabundos, tresloucados, bêbedos – já fora abordado pelo autor muitos anos antes, como em "O bêbedo", poema que denuncia o fascínio de Dante Milano pelas personagens marginais, os deserdados da sociedade e os vagabundos de toda têmpera, mas que, pelo "gesto" e a "estranheza do olhar", não se podem comparar aos "miseráveis":

"O bêbedo que caminha
Que mantos arrastará?
Que santo parecerá?
Gaspar, Melchior, Baltasar?

Um miserável não é,
Logo se vê pelo gesto,
Pela estranheza do olhar.
O bêbado que caminha
Que rei bêbedo será?"

Assim, para o poeta – e não seria ele, também, um rei bêbedo, talvez como nós? –, a condição de realeza perdura até mesmo entre aqueles que a vida exilou do convívio social. Mais significativo ainda: ela persiste exatamente naqueles que, subjugados pelo delírio da evasão etílica, conseguiram romper o círculo de ferro da razão lógica, acercando-se assim de uma consciência que já renunciou à consciência de si própria. Em outras palavras: de uma consciência que, embora corrupta e perversa, é também uma forma de inocência.

Nos "Últimos poemas" de *Poesia e prosa*, todos inéditos até 1979, essa obstinada tendência à estrofação simétrica e à isocronia dos esquemas rímicos parece acentuar-se ainda mais, como se o poeta chegasse afinal à cristalização dos recursos formais por ele anteriormente utilizados. E tanto isso é verdade que, de um total de 36 poemas, sete estão dispostos em dísticos, quatro em *terzi rime* (em três casos, atípicas), um em dísticos e *terzi rime* alternados, quatro em quartetos (em "Separação", o autor aduz um remate), um em pentásticos, três em hexásticos, um em heptásticos e um outro que conjuga o quarteto ao pentástico, além de dois sonetos *anômalos* – "A vaga" e "Paisagem" –, num total, portanto, de 27 poemas que, apesar de algumas flutuações métrico-rímicas, obedecem a padrões regulares de estrofação e a esquemas rímicos isócronos, restando apenas nove composições em forma livre. Nestas, todavia, se falha a isocronia rímica, nem por isso deixa de haver uma intenção subjacente de rima.

É pertinente observar ainda, com relação a esses "Últimos poemas", o retorno de certos temas a que chamaremos aqui, com algum arbítrio, de *suborbitais*, como o dos reis ("Os reis, "O bêbedo"), o do bêbedo ("Diálogo", "Tocata e fuga"), o dos cavalos do Apocalipse ("Nuvem acesa"), o das paisagens oníricas ("Paisagem"), o da luz cega ("Testemunha" e "Enumeração", sendo que este último, convém registrar, inclui uma espécie de retrospectiva temática), o do suicídio ("Alento"), o do andarilho ("Escrito no ar"), o do momento musical ("Tocata e fuga"), o do espelho das águas ("Divertimento"), o da nudez branca ("Noturno do Praia-Hotel", "Objeto de arte", "Diálogo") ou o dos velhos mendigos ("Um velho", "A um mendigo"), estes dois últimos, aliás, de farta incidência na poesia do autor. O velho e o mendigo, com efeito, estão presentes desde os primeiros poemas, como, por exemplo, em "Mendigo", o mesmo ocorrendo com a obsessão do poeta relativamente à brancura da nudez feminina, cujo paradigma estaria, como aqui já insinuamos, naqueles esplêndidos dísticos de "Imagem". Mas o velho mendigo desses derradeiros poemas, é bom que se advirta, não é mais aquele que, resignadamente, agradece a Deus a "esmola de mais um dia". Esse velho é agora, como o "Gerontion" de Eliot, alguém que

"Já sem idéias
No crânio oco
Reduz todo o vocabulário
A secas palavras."

Ora, a persistência ou o retorno desses temas e subtemas confirmam à saciedade o que aqui já se afirmou quanto à unidade conteudística da poesia de Dante Milano, que, à semelhança daquele carvalho heideggeriano, permanece idêntica a si mesma, do primeiro ao último verso, na aparente imutabilidade de seu devir.

Incluem também esses "Últimos poemas" diversos exemplos do afã milaniano de imobilizar, amiúde sob forma estatuária, seres e paisagens de seu mundo interior, como ocorre em "A vaga", "Objeto de arte", "O corpo de Vênus", "Paisagem", "Pietá", "Pietá II" e "Lição de música". Essa preocupação, aliás, também não é nova na poesia do autor, que a reflete de modo obsessivo (não fora ele o escultor bissexto que foi) desde seus primeiros textos, como é o caso, entre outros, desse magistral "Baixo-relevo funerário", escrito sem dúvida muitos anos antes (já constava, com efeito, da primeira edição das *Poesias*) e cujos versos nos induzem antes a *ver* a cena ali *gravada* do que a ler o texto grafado. Repare o leitor que a pontuação em *stacatto* ao fim de cada verso nada tem de gratuita; ao contrário, ela nos sugere, sem dúvida, não o término convencional da linha, mas o entalhe, pelo cinzel do artista, de abruptos e sucessivos sulcos na pedra:

"Os guerreiros avançam em gestos ritmados.
Os escravos vão de restros, acorrentados pelos pulsos.
Servas carregam vasos com essências.
O esquife transpõe o infinito.
O carro voa para o sol.
Os cavalos entram na glória."

Perceba ainda o leitor que a descrição dos segmentos cênicos evolui gradualmente do plano concreto (sensível) ao plano abstrato (inteligível). Com isso, o poeta nos mobiliza a dois níveis distintos de visualização: vê-se com os olhos o que descrevem (ou entalham) os três primeiros versos, mas, a partir do quarto, quando o "esquife transpõe o infinito", a cena só poderá ser vista se mentalizada, se concebida ou intuída em instância transcendente àquela em que se organizam *les données immédiates de la conscience*, ou seja, como o pretendia Bergson, para além do que nos transmite a caducidade da informação fenomênica. O quinto verso introduz uma pausa no processo de rarefação sensorial, ainda que, fantasticamente, um carro esteja *voando* para o sol. O último verso, entretanto, desencadeia uma tempestade catártica: os cavalos, que simbolizam aqui a transcrição visual do ímpeto cósmico rumo ao Absoluto, "entram na glória". Poucos poemas em toda a literatura brasileira conseguiram, como este, conjugar tamanha precisão verbal a tão intensa pulsação de luz interior.

Em seu breve e lúcido ensaio sobre a arte poética de Dante Milano, Sérgio Buarque de Holanda apontou-lhe duas características que, segundo cremos, poderão fornecer subsídios imprescindíveis à sua correta interpretação. A primeira relaciona-se à sistemática predominância do símile sobre a metáfora, circunstância que, a propósito, viria a confirmar nossa tese de que Dante Milano foi, basicamente, um poeta do pensamento emocionado, tal como Leopardi, autor de sua confessa predileção. No processo analógico operado através do símile não ocorre, como no caso da metáfora, nenhuma substituição de significado destinada a sugerir uma semelhança que aí apenas se subentende. Ora, a linguagem crua e transparente do autor jamais poderia absorver o barroquismo sensualístico em que, não raro, se resume o jogo de luz e sombra imposto pela metáfora. Assim, a comparação direta e frontal proporcionada pelo símile atenderia mais às exigências do pensamento, enquanto o processo elíptico de substituição da metáfora satisfaria, com maior pertinência, às instâncias da emoção. Vê-se, portanto, que esse predomínio do símile é antes de caráter estrutural do que propriamente formal. Ponto de vista semelhante é o que defende Franklin de Oliveira quando sustenta que, na poesia de Dante Milano, a emoção está "governada pela inteligência, refeita, restaurada, reconstituída sob o império da lucidez", o que dela faz uma "poesia das significações", pois em seus versos o "ato semântico emerge das matrizes do pensamento e da emoção, da lógica e do sonho", conferindo-lhe assim o que aquele ensaísta chama de "lucidez estelar".[8]

A segunda característica – e que nos parece poderá vir a ser a chave para a solução de muitos dos "claros enigmas" da poesia milaniana –, refere-se ao que Sérgio Buarque de Holanda considera como tangencial ao ritmo semântico, isto é, aquele que se deixa guiar "não pelo ouvido apenas, mas também, e principalmente, pelo sentido"[9], o que, ainda uma vez, confirmaria ser Dante Milano um poeta do pensamento. É que, ao invés de orientar-se sensualisticamente apenas pelo som do significante, o ritmo (e, no caso do poeta em questão, até mesmo a rima) passa a ser permeado pelo sentido inteligível do significado.

---

8. OLIVEIRA, Franklin de. Op. cit.
9. HOLANDA, Sérgio Buarque de. Op. cit.

Assim o fizeram Rilke e, mais do que este, Gerard Manley Hopkins, entre alguns outros, e assim também o aconselhava Eliot através daquela *auditory imagination* preconizada em seu memorável ensaio "The music of poetry". Para comprovar o que disse, Sérgio Buarque de Holanda toma como exemplo o primeiro dos sonetos de "Sonetos e fragmentos". Por razões estritamente pessoais – e, também, para que o leitor dê crédito à nossa desconfiança de que esse ritmo semântico se acha difuso em toda a poesia milaniana –, preferimos trabalhar aqui sobre a matéria-prima de outro soneto, "Metamorfoses", já por nós parcialmente transcrito neste estudo. Verás a seguir, incrédulo e paciente leitor, como Deus e o diabo às vezes dão-se as mãos para a glória da poesia e a perenidade da linguagem dos vivos.

Os quatro primeiros versos

> "Sonho maior que o sonho de quem dorme,
> Eu vi, de olhos despertos, fabulosas
> Metamorfoses, conexões monstruosas
> Entre o olhar e a aparência multiforme."

engendram-se sob o jugo quase tirânico das consoantes oclusivas *m* e *n* (nasais), *b* e *p* (bilabiais), *d* e *t* (linguodentais) e *c* (velar surda); e das vogais mediais orais *a*, *e* e *o*, sendo que apenas a primeira pode ser considerada baixa, como se o poeta nos quisesse transmitir, através do processo da oclusão fônica, um clima de *suspense*, de perplexidade, no qual a respiração somente se fizesse a custo, entrecortada, quase dispnéica. Enfim, uma vaga e opressa sensação de assombro. Essa impressão vê-se reforçada, ainda, não apenas pela presença do dígrafo *nh* (cujo valor fônico é o de uma oclusiva palatal nasal), mas também pela incidência das fricativas surdas *s* (alveolar), *f* e *v* (lingüodentais), as quais introduzem no poema uma espécie de *frisson* expectante que, conjugado ao timbre medial predominante da vogal *o*, envolve os quatro versos num cone de penumbra e de indeterminação ambiental. O poeta diz que *vê*, mas apenas de modo difuso – pois o que é visto flutua entre "o olhar e a aparência multiforme" –, "metamorfoses" e "conexões", às quais, por não serem ainda passíveis de exata percepção, ele se refere, adjetivamente, como "fabulosas" e "monstruosas". Repare-se, ainda, que o primeiro verso flui naturalmente, sem qualquer pausa rítmica, como um vulto que se esgueirasse devagar no movediço e umbroso substrato onírico dentro do qual estivera imerso e que, ainda úmido das águas do sono, principiasse a relembrar o que sonhara. Já no segundo verso, entretanto, a fricativa labiodental sonora *v*, associada ao timbre agudo da vogal *i* e à súbita pausa imposta pela vírgula, nos dá a impressão de que, de repente, aquele que estivera sonhando acorda em sobressalto e de olhos arregalados, como se, já "desperto", sonhasse agora de olhos abertos. Tal sensação de sobressalto mais ainda se acentua através do colapso rítmico provocado pelo *enjambement* que elide o segundo ao terceiro verso.

O verso seguinte

"Eu vi o que a luz expele e a sombra engole"

desliza como um jorro peristáltico, em movimento antitético de fluxo e refluxo (observe-se que aí atuam também, como pólos que se opõem, os termos "luz" e "sombra"), simbolizando assim o ir-e-vir daquilo que é "expelido" e "engolido". Perceba o leitor que a lateral alveolar *l* desempenha aqui uma função rítmica essencial, assegurando a celeridade exigida pelo fluxo a que acima nos referimos. O verso que se segue, entretanto,

"Vi como na água o corpo em si se enrola,"

altera o caráter retilíneo desse movimento de vaivém, que passa então a serpentear. A sinuosidade do ritmo encontra aqui pertinente apoio fônico na flutuação criada pela oclusiva velar sonora *c*, pela fricativa alveolar surda *s* e pela vibrante velar intervocálica *r*. No verso que se sucede

"Quebra-se o torso, a perna se descola,"

a ocorrência múltipla e alternada das oclusivas bilabiais e lingüodentais – *b* (sonora), *p* (surda), *d* (sonora) e *t* (surda) –, com sábia intermediação da oclusiva velar *c* (surda) e da pausa rítmica outra vez interposta pela vírgula, irão determinar, não mais uma alteração na natureza do movimento, e sim sua ruptura parcial: parcial porque, graças à presença da fricativa alveolar surda *s*, persiste ainda um tíbio vestígio de ondulação. No verso que dá seqüência ao poema,

"E os braços se desmancham na onda mole,"

o ritmo como que se dissolve, espreguiçando-se lentamente através da macia distensão fônica insuflada pelas fricativas surdas *s* e *x* (esta com valor sonoro equivalente ao do dígrafo *ch*), pela nasalização das oclusivas *m* e *n* e pela falta de relevo das vogais fracas. Graças ao hábil emprego desses recursos fônicos e rítmicos, os três versos seguintes,

> "Vi num espelho alguém cujo reflexo
> O transformava noutra criatura.
> E num leito de amor já vi perplexo"

como que preparam, à semelhança dos alicerces de um anticlímax, a fulgurante e tempestuosa plurirritmia semântica dos três versos finais:

> "Seios com olhos! e mudar-se a dura
> Nuca em anca, o ombro em joelho, a axila em sexo,
> O dorso em coxa, o ventre em fronte pura."

O *démi-vers* "Seios com olhos!", já pela fantasmagoria surrealista da comparação de olhos a mamilos, já pela repentina coda exclamatória que explode sobre a quarta sílaba, antecipa o impacto visual causado pelo assombro das metamorfoses que, agora sim, serão descritas pelo poeta. Esse impacto está assegurado, também, pela abrupta violência do *enjabement* que se prolonga no impulso iâmbico do primeiro hemistíquio do verso seguinte ("e mudar-se a dura / Nuca em anca"), cuja anfractuosidade rítmica infunde a angulação indispensável ao cortejo de incongruências anatômicas em que consistem aquelas "fabulosas metamorfoses" e "conexões monstruosas". A plausibilidade dessas *metamorfoses* está reforçada ainda pela riquíssima conjugação, nestes três últimos versos, das oclusivas nasais *m* e *n*, das lingüodentais *d* e *t* e das bilabiais *p* e *b*, alternadamente surdas e sonoras, às fricativas palatais *s* e *j* – também ora surdas, ora sonoras – e às vogais orais altas *u* (posterior) e *i* (anterior), as quais, por sua vez, se revezam com as mediais orais *o* e *e*, dando-nos a impressão de que fomos, afinal, tragados no fantástico e lúbrico vórtice das "visões" milanianas.

Observe-se, também, ainda nestes versos finais, a extraordinária pertinência anatômico-analógica dos símiles oclusos nos antípodas que se metamorfoseiam uns nos outros, ora de cima para baixo, ora de baixo para cima: nuca/anca (prolongamento medial da cintura escapular/contrafortes da cintura pélvica), ombro/joelho (ângulo superior dos membros superiores/ângulo medial dos membros inferiores), axila/sexo (concavidade pilosa par da escápula/concavidade pilosa ímpar da pelve), dorso/coxa (segmento retilíneo ímpar do tórax/segmento retilíneo par dos membros inferiores) e ventre/fronte (convexidade ânteroinferior da cavidade abdominal/convexidade ânterosuperior da caixa craniana).

É na síntese poética de todos esses elementos, que se harmonizam sob o signo inteligível do ritmo semântico e que – enigma insondável – em momento algum sequer arranham a espontaneidade da expressão, que se resume, sem dúvida, o princípio demiúrgico da irrepreensível *gestalt* do verso milaniano. Sim, um poeta do pensamento, de um pensamento que se emociona no nível de exigências a um tempo intelectuais e sensoriais. Ou talvez – e por que não? – o exemplo supremo daquele prodígio a que Marcel Proust chamou de *l' intelligence du coeur*. Não importa. Mais vale aqui, ao menos para nós, endossar ainda uma vez o percuciente *insight* exegético de Sérgio

Buarque de Holanda, segundo quem o verso milaniano "parece descrever, e não apenas pelo sentido das palavras, o pensamento que nele se quer representar".[10] Restaria aqui uma palavra sobre o controverso lirismo de Dante Milano. Não deixa de ter certa razão Paulo Mendes Campos quando se refere ao antilirismo do autor, concluindo ainda que sua poesia é "sinistra, nua, desértica".[11] Embora a opinião não seja de modo algum impertinente, é bem de ver que não iremos tão longe. Há lirismo, sim, amiúde sinistro, mas também talvez fantasmagórico, talvez algo visionário. Dante Milano é, sem dúvida, um poeta hipnotizado pela visão escatológica da realidade, e não são poucas as vezes em que nos remete àquela "visão interior de olhos abertos". Lírico ou antilírico, o poeta nos revela de fato um acentuado fascínio pelos aspectos sinistros da vida. Diversos poemas o denunciam graças a um prazer detalhístico quase mórbido na descrição de minudências absolutamente macabras, como ocorre, por exemplo, no poema "Vozes abafadas", em que, ao afirmar que nenhuma língua será capaz de transmitir a dor humana, diz ele que:

"Talvez a exprimisse o ai da cabeça separada do corpo que
rola ensangüentada,
Talvez a escrevesse a mão hirta que no último gesto de
horror largou a espada,
Talvez a dissesse o grito sufocado, o pranto que salta, o
suor frio, o olhar esbugalhado..."

---

10. HOLANDA, Sérgio Buarque de. Op. cit.
11. CAMPOS, Paulo Mendes. Op. cit.

Passagens como esta são comuns na obra do autor, cuja poesia parece também sinistra por revelar-se, sob certos aspectos, efetivamente *nua* e *desértica*, embora aqui tais características nos sugiram antes um parentesco com a nudez do verso leopardiano. Para nós, entretanto, essa nudez e esse vazio manifestam-se amiúde enquanto signos de uma austeridade expressiva, de uma estrita e obstinada economia de meios, de um expurgo de tudo aquilo que o poeta considerasse supérfluo, e não exatamente como indícios de secura ou desolação espirituais. Lembre-se o leitor de que aquele que muitos consideram o maior poema de Leopardi, "L'infinito", é tido por outros tantos como uma obra cuja desolação não tem espectadores, tamanha a sensação de vazio cósmico que dela se irradia. E no entanto é este o poema mais estimado do autor dos *Canti*, e mais estimado porque, como observa o próprio Dante Milano no estudo que dedicou ao poeta italiano, é justamente nesse texto que Leopardi "cria uma atmosfera tão densa e seu estilo é tão convincente que ao lê-lo tem-se a ilusão de que todos os homens são poetas e de que a existência é um poema".

Não há dúvida, contudo, de que a crueza e o ascetismo de sua linguagem podem, às vezes, sugerir ou acusar essa tendência ao sinistro. E, na verdade, não há como negar que o poeta a ela se incline até mesmo no nível do vocabulário. Para nos restringirmos apenas a uma única vertente léxica, adjetivos como *terrível, alucinante, tenebroso, medonho, horrendo, tétrico, fantástico, louco, demente, escaveirado, desfigurado, transfigurado, encovado, disforme, carcomido, podre, apodrecido, miserável, irreparável, assustador, perplexo, fabuloso, monstruoso, esfacelado, ensangüentado, dilacerado, crucificado, esbugalhado, esgazeado, revirado, desgrenhado, hirto, lívido, esquálido, crispado, ululante, cruel, fatal, torvo, taciturno, soturno, noturno, escuro, obscuro, assassino, repelente, infecto, imundo, pisado, cuspido, recurvo, mortal, funerário, fúnebre* etc. etc., têm curso livre e copioso na poesia do autor, que, nesse particular, se aproxima não apenas da linguagem "macabra" de Augusto dos Anjos – a quem, aliás, consagrou um estudo em que lhe sublinha, justamente, o caráter hediondo dos versos –, mas também da sinistra "putrefação" baudelairiana. Não nos parece gratuito, a propósito, que, dentre os 38 poemas que traduziu de Baudelaire, haja Dante Milano escolhido, entre outros, "Un fantôme", "Horreur sympatique", "L'héautontimorouménos", "Une charogne", "L'irrémédiable", "L'horloge", "Une martyre", "La Béatrice", "Le Léthé" e "Un voyage à Cythere", todos rigorosamente... sinistros. Seria esse fascínio pelo macabro e pelas trevas a contrapartida de sua obsessão pela luz?

Enfim, e ainda uma vez, o gênio maior do poeta parece brincar conosco, apagando indícios e falseando pistas que porventura nos pudessem levar à descoberta de seus mais recônditos segredos. É possível até que o lírico se vergaste no antilírico e este se redima naquele, assim como a luz que, para resplandecer, exige o concurso das trevas. Mas esses e outros seriam apenas ingênuos artifícios maniqueístas, incapazes como tais de nos revelar o que se oculta sob o epidérmico e fortuito dualismo de uma máscara. Quanto ao rosto de que agora nada mais resta, leitor, façamos nossas as palavras do próprio poeta,

que nos impõe, como condição para encará-lo face a
face, pacientarmos

> "Até que a terra
> Com sua garra
> Nos rasgue a máscara."

Ivan Junqueira

POEMAS

SONETOS E FRAGMENTOS
(do livro *Poesias*)

I

Horizonte cerrado, baixo muro,
A névoa como uma montanha andando,
O céu molhado como mar escuro.
Por muito tempo ainda fiquei olhando
A terra transformada num monturo.
Por muito tempo ainda ficou ventando.
Cravei no espaço lívido o olhar duro
E vi a folha no ar gesticulando,
Ainda agarrada ao galho, antes do salto
No abismo, a debater-se contra o assalto
Do vento que estremece o mundo, e então
Sumir-se em meio àquele sobressalto,
Depois de muito sacudida no alto
E de muito arrastada pelo chão...

III

O amor de agora é o mesmo amor de outrora
Em que concentro o espírito abstraído,
Um sentimento que não tem sentido,
Uma parte de mim que se evapora.
Amor que me alimenta e me devora,
E este pressentimento indefinido
Que me causa a impressão de andar perdido
Em busca de outrem pela vida afora.
Assim percorro uma existência incerta
Como quem sonha, noutro mundo acorda,
E em sua treva um ser de luz desperta.
E sinto, como o céu visto do inferno,
Na vida que contenho mas transborda,
Qualquer coisa de agora mas de eterno.

IV

A noite ardente, o espaço alucinante
Entreabrindo o vastíssimo velário,
Nos veda o que está perto, e o que é distante
Aproxima. E eu desvendo outro cenário.
Olhar atento que revela o instante.
Serei um doido, um mago, um visionário?
A cauda do cavalo fulgurante
Do Apocalipse, em salto extraordinário,
Atravessa as alturas, aos arrancos.
Morte! Atrás dele surge a névoa acesa
Da Paz, em nuvens de cavalos brancos.
Abro os olhos humanos para crer.
A dúvida transforma-se em certeza,
A certeza em vontade de morrer.

V

Na treva mais gelada, na brancura
Mais cega e morta, a vida ainda transluz.
Até de dentro de uma sepultura
Brota um soluço trêmulo de luz,
A luz que sua, a luz que desfigura
As pétalas pendidas nos pauis,
A espuma nos penhascos, fria e pura,
As chamas em seus ápices azuis.
Desalentos, angústias e canseiras
Tornam maior, mais tenebroso o olhar
Que lembra o olhar dos mortos: só olheiras.
São existências que se dão inteiras
E sofrem, como o vento, como o mar,
Como todas as coisas verdadeiras.

VI

Não sei de que cansaços me proveio
O peso que carrego sobre os ombros.
Sou como quem, depois de um bombardeio,
Se levanta no meio dos escombros
E sente a dor das pedras rebentadas,
Mais alta do que o grito das criaturas,
A dor do chão, dos muros, das calçadas,
De onde o pranto não brota, dores duras.
O único alívio é olhar o céu sem fundo,
O véu de sonho que recobre o mundo
E absorve, esbate, anula a realidade
Sob a expansão do azul intenso e forte.
Cor sem fim, olhar calmo além da morte,
Não desespero, sim perplexidade!

VII

Na noite cor de sono, cor de sonho,
Fulgurando na treva, um raio estronda,
Sinal do céu, divino mas medonho.
E uma mulher sem ter onde se esconda,
Os cabelos desfeitos, aparece
E em meus braços se atira. Então, absorto,
Vi que o corpo, quando ama, desfalece,
Vi que o rosto, ao beijar, parece morto.
Como se o beijo os lábios lhe torcesse,
A boca toma a forma de um sorriso
Que se contrai, como se o beijo doesse.
Visões do amor, possuídas mas incertas.
O corpo se entregou, mas indeciso,
E deixou-se cair de mãos abertas.

IX

Homenagem a Camões

Através de imitado sentimento,
Ao ler-te, quanta vez tenho sentido
Como é muito maior o amor vivido
Em ato não, mas só em pensamento.
Então invento o que amo e amo o que invento
Em coisas sem razão tão comovido
Que o ar me falta e o respiro comprido
Não sei se dá, não sei se tira o alento.
Sabor de amor é esse alto respirar,
Essa angústia em suspiros mal dispersos.
Em amor, que importância tem o ar,
O ar, cheio de fantásticas ações!
Assim, aquele que imitar teus versos,
Primeiro imite o teu amor, Camões.

O HOMEM E A SUA PAISAGEM

Toda paisagem tem um ar de sonho.
Vejo o tempo parado, inutilmente.
Tudo é menos real do que suponho.

Interrompi teu sonho, natureza.
Diante de um ser humano, de repente
Apareces tomada de surpresa.

No espaço que me cerca estou suspenso.
Em redor um olhar pasmado e mudo
E no ar a ameaça do silêncio denso.

Em todo sonho existe um extasiado
Olhar adormecido que vê tudo...
Senhor, eu sou o objeto contemplado.

AO TEMPO

Tempo, vais para trás ou para diante?
O passado carrega a minha vida
Para trás e eu de mim fiquei distante,

Ou existir é uma contínua ida
E eu me persigo nunca me alcançando?
A hora da despedida é a da partida

A um tempo aproximando e distanciando...
Sem saber de onde vens e aonde irás,
Andando andando andando andando andando

Tempo, vais para diante ou para trás?

MOINHO

É o sofrimento que ninguém descreve,
É como um peso na alma (e a alma é tão leve!),
É a dor das águas que o moinho mói,
É a dor que não se sabe onde é que dói.

PEDRA

Pedra, coisa do chão, face parada,
Indiferente à carícia da mão,
Figura inerte que não sente nada,
Corpo que dorme e a que me abraço em vão.

CANTIGA

A vida é tempo perdido.
O que se ganha é bem pouco.
Que vale ao morto o vivido?
Que vale ao vivo, tampouco?

E nunca me sai do ouvido
Esse rumor incessante:
"A vida é tempo perdido"...
Oh, que marulho distante,

Voz de sepultos oceanos
Num caracol aturdido.
Longos dias, breves anos.
A vida é tempo perdido.

TERCETOS

Eu sou um rio, a água fria de um rio.
Profundo, cabe em mim todo o vazio,
Um reflexo me causa um calafrio.

Sou uma pedra de cara escalavrada,
Uma testa que pensa, e sonda o nada,
Uma face que sonha, ensimesmada.

Sou como o vento, rápido e violento,
Choro, mas não se entende o meu lamento.
Passo e esqueço meu próprio sofrimento.

Sou a estrela que à noite se revela,
O farol que vê longe, o olhar que vela,
O coração aceso, a triste vela.

Sou um homem culpado de ser homem,
Corpo ardendo em desejos que o consomem,
Alma feita de sonhos que se somem.

Sou um poeta. Percebo o que é ser poeta
Ao ver na noite quieta a estrela inquieta:
Significação grande, mas secreta.

ALGUMAS CANÇÕES

DESCOBRIMENTO DA POESIA

Quero escrever sem pensar.
Que um verso consolador
Venha vindo impressentido
Como o princípio do amor.

Quero escrever sem saber,
Sem saber o que dizer,
Quero escrever uma coisa
Que não se possa entender,

Mas que tenha um ar de graça,
De pureza, de inocência,
De doçura na desgraça,
De descanso na inconsciência.

Sinto que a arte já me cansa
E só me resta a esperança
De me esquecer do que sou
E tornar a ser criança.

A PARTIDA

Chego à amurada do cais,
Tomo um trago de tristeza.
Vem uma aura de beleza
Entontecer-me ainda mais.

Sinto um gosto de paixão
Dentro da boca amargosa.
Vem a morte deliciosa
Arrastar-me pela mão.

Vou seguindo sem olhar,
Vou andando sem rumor,
Ouvindo a vaga do mar
Bater na pedra da dor.

Vou andando sobre o mar,
Quem sabe onde irei parar?
Vou andando sem saber
Aonde me leva este amor.

A BUSCA

Amor é a coisa mais só,
Mais funda, mais infinita.

Não o amor vulgar dos homens,
Sujo de sangue, de terra,
Amor sujo que dá nojo.

Não este cheiro de sangue,
Gosto de boca e de dor,
Gosto de terra, de carne,
Amor sujo que dá nojo.

Amor, amor sem objeto,
Que anda à procura do amor.

GRUTA

No fim do mundo
Há uma gruta,
Casa de pedra,
Cama no chão
De terra fresca,
Dormir na terra.
Deus me dê sonhos...
O corpo quieto
Na terra fresca
Na doce gruta.

CANÇÃO INÚTIL

A vida, a verdadeira vida,
Aquela que não é vivida,

A que é perdida, sonhada,
A realidade irrealizada,

A que eu procuro e não encontro,
Houve por certo um desencontro...

Nenhum problema filosófico,
Trata-se de uma catástrofe.

Salva-se o corpo, é verdade,
Vive-se mas com humildade,

Em cima o montão de entulho,
E embaixo, humilhado, o orgulho.

Reveste-me um falso tédio
Que adia o inútil suicídio.

REFLEXOS

O BÊBEDO

O bêbedo que caminha
Que mantos arrastará?
Que santo parecerá?
Gaspar, Melchior, Baltasar?
Um miserável não é,
Logo se vê pelo gesto
Pela estranheza do olhar.
O bêbedo que caminha
Que rei bêbedo será?

IMAGEM

Uma coisa branca,
Eis o meu desejo.

Uma coisa branca
De carne, de luz,

Talvez uma pedra,
Talvez uma testa,

Uma coisa branca.
Doce e profunda,

Nesta noite funda,
Fria e sem Deus.

Uma coisa branca,
Eis o meu desejo,

Que eu quero beijar,
Que eu quero abraçar,

Uma coisa branca
Para me encostar

E afundar o rosto.
Talvez um seio,

Talvez um ventre,
Talvez um braço,

Onde repousar.
Eis o meu desejo,

Uma coisa branca
Bem junto de mim,

Para me sumir,
Para me esquecer,

Nesta noite funda,
Fria e sem Deus.

CORPO

Adorei teu corpo,
Tombei de joelhos.

Encostei a fronte,
O rosto, em teu ventre.
Senti o gosto acre
De santidade
Do corpo nu.

Absorvi a existência,
Vi todas as coisas numa coisa só.
Compreendi tudo desde o princípio do Mundo.

A MORTE EM SONHO

O leproso tem um sonho:
"Hás de sarar!" diz-lhe um anjo.

Ah, sonhar assim é como
Depois de morto acordar!

O leproso, em ânsia, teme
Antes de acordar, morrer.

"Hás de sarar!" o anjo diz.
A lepra se unge de luz.

O corpo como lagarta
Vai-se metamorfoseando

E surge resplandecente
Como um príncipe encantado!

O sonho quer despertar.
O leproso quer viver.

É o momento iluminado.
"Hás de sarar!" o anjo grita

Furioso. Com a mão direita
Ergue a espada igual a um raio

E atravessa o corpo inerte.
O corpo ficou radioso.

A boca torta sorriu...
– Assim terminou o sonho

Do leproso. Depois disto
Não sei o que se passou.

Mas o conto é verdadeiro:
Quem dorme não sente dor,

Quem sonha se transfigura,
Quem morre sorri da morte.

DISTÂNCIAS

ESCULTURA

A forma da fêmea integrou-se no corpo do macho,
Ambos uma só pedra
Onde ressaltam, invisíveis, separando-os
As duas almas supérfluas.

PRAIA DESERTA

Estar só, numa praia deserta.

Ter diante dos olhos uma paisagem eterna,

Pisar na orla de espuma.
Tocar com as mãos num rochedo.

Ver a tarde cair no mar imóvel
Sob o domínio de uma estrela azul.

Ficar parado, contemplando o espaço!

Olhar as estrelas, deitado na areia...

Dormir debaixo da lua,
No chão do mundo.

FLECHA

O céu pesa na fronte pensativa.

A idéia em vôo vertical
A certa altura perde a força.
Como uma flecha, cai no mar.

Hirta, balouça-a sobre as ondas
Um sentimento musical.

MENDIGO

Meu corpo é um andrajo
Apoiado a um bordão.
Em meio à estrada
Paro.
Além o sol beija a montanha.

Agradeço-te, Deus,
A esmola de mais um dia.

GLÓRIA MORTA

Tanto rumor de falsa glória,
Só o silêncio é musical.
Só o silêncio,
A grave solidão individual,
O exílio em si mesmo,
O sonho que não está em parte alguma.

De tão lúcido, sinto-me irreal.

BAIXO-RELEVO FUNERÁRIO

Os guerreiros avançam em gestos ritmados.
Os escravos vão de rastros, acorrentados pelos pulsos.
Servas carregam vasos com essências.
O esquife transpõe o infinito.
O carro voa para o sol.
Os cavalos entram na glória.

PRINCÍPIO DA NOITE

Eu ia em mim perdido, em mim pensando.
A existência deserta.
A rua escura.

Eu sentia a tristeza dos felizes
Vendo a estrela da tarde rir sozinha...

Em que altura ela estava!
O resto era imenso.

Tudo é exílio.

O CENTRO DA NOITE

Noite disforme.
Se olhares o céu, o que não vale a pena,
Verás que o brilho das estrelas é uma coisa inútil
E sentirás o frio da vida.

TERRA DE NINGUÉM

OS TRABALHOS DO MUNDO

Bate, coração do Mundo.
Bem escuto o teu ritmo,
Os saltos do sangue humano correndo pelas artérias
Do doloroso corpo mapa-múndi.

Os pés em marcha, as máquinas gesticulando.
A terra em seu labor de guerra eterna.

Ter de lutar
Por um acontecimento qualquer,
Pelo que outrora os sinos repicavam
E agora as sirenas uivam desvairadas,
Pela explosão de um sol
Brilhando no aço das armas
Dos homens com penachos e bandeiras...
Ao lado a procissão misteriosa das suas sombras no chão,
Marcha de heróis ou leva de prisioneiros?

A PONTE

O desenho da ponte é justo e firme, calmo e exato.
Nada poderá perturbar as suas linhas definitivas.
A sua arquitetura equilibra-se no ar
Como um navio na água, uma nuvem no espaço.
Embaixo da ponte há ondas e sombras.
Os mendigos dormem enrodilhados nos cantos.
Não têm forma humana. São sacos no chão.
Por momentos parece ouvir-se o choro de uma criança.
A água embaixo é suja,
O óleo coagula, em nódoas luminosas, reflexos
[lacrimejantes.
Um vulto debruçado sobre as águas
Contempla o mundo náufrago.
A tristeza cai da ponte
Como a poesia cai do céu.
O homem está embaixo aparando as migalhas do
[infinito.

A ponte é sombria como as prisões.
Os que andam sobre a ponte
Sentem os pés puxados para o abismo.
Ali tudo é iminente e irreparável,
Dali se vê a ameaça que paira.
A ponte é um navio ancorado.

Ali repousam os fatigados,
Ouvindo o som das águas, a queixa infindável,
Infindável, infindável...
Um apito dá gritos
A princípio crescendo em uivos, depois mantendo
[bem alto o apelo desesperado.
Passam navios. Tiros. Trovões.
Quando virá o fim do mundo?
Por cima da ponte se cruzam
Reflexos de fogo, relâmpagos súbitos, misteriosos
[sinais.
Que combinam entre si os astros, inimigos da Terra?
Quando virá o fim dos homens?
A ponte pensa...

VOZES ABAFADAS

O ruído vem de longe e quase não se escuta.
Passa no ar ou ruge dentro de nossos ouvidos?
Vem do centro da terra ou do terror das consciências?

São crianças chorando com medo da vida?
Soluços de mães que ignoram as causas?
Gritos alucinados de homens caídos sob as rodas do
[carro terrível?
São os últimos brados das pátrias esfaceladas,
Os uivos do vento nas bandeiras das nações vencidas,
Ou no ventre do caos os vagidos do mundo futuro?

Cala, poesia,
A dor dos homens não se pode exprimir em nenhuma
[língua.
Talvez a exprimisse o ai da cabeça separada do
[corpo que rola ensangüentada,
Talvez a escrevesse a mão hirta que no último gesto
[de horror largou a espada,
Talvez a dissesse o grito sufocado, o pranto que salta,
[o suor frio, o olhar esbugalhado...
Ante o ricto dos mortos compreendo que a dor não
[se exprime
Em língua nenhuma e ainda que os homens falassem
[todos uma só língua.

SALMO PERDIDO

Creio num deus moderno,
Um deus sem piedade,
Um deus moderno, deus de guerra e não de paz.

Deus dos que matam, não dos que morrem,
Dos vitoriosos, não dos vencidos.
Deus da glória profana e dos falsos profetas.

O mundo não é mais a paisagem antiga,
A paisagem sagrada.

Cidades vertiginosas, edifícios a pique,
Torres, pontes, mastros, luzes, fios, apitos, sinais.
Sonhamos tanto que o mundo não nos reconhece mais,
As aves, os montes, as nuvens não nos reconhecem mais,
Deus não nos reconhece mais.

MÁSCARA

Passa o tempo da face
E o prazer de mostrá-la
Vem o tempo do só,
A rua do desgosto.
O trilho interminável
Numa estrada sem casas.
O final do espetáculo,
A sala abandonada,
O palco desmantelado.

Do que foi uma face
Resta apenas a máscara,
O retrato, a verônica,
O fantasma do espelho,
O espantalho barbeado,
A face deslavada,
Mais sulcada, mais suja,
De beijada, cuspida,
Amarrotada
Como um jornal velho.
Máscara desbotada
De carnavais passados.
Esta é a nossa cara
Escaveirada.

Até que a terra
Com sua garra
Nos rasgue a máscara.

TERRA DE NINGUÉM

A sala recende
A terra molhada,
A caule úmido e raiz apodrecida.

As flores sobre o cadáver
Contraem as pétalas enregeladas.
A figura de cera no caixão bordado
Sorri como um cego sorri
Com ar de náusea.

Os convidados expandem uma tristeza festiva.
O defunto recusa
Qualquer comunicação com a humanidade
Que lhe é de todo indiferente agora.
(Ele que morreu "pela Causa" e recebe honras fúnebres.)

Em sua torre de marfim,
Sob o céu absoluto da paisagem devastada,
Reina, altivo. (Há coroas, há bandeiras na sala.)

Passante! Descobre-te e não rias,
Respeita a morte e o seu fedor de glória.

PAISAGENS SUBMERSAS

VIGÍLIA

O corpo desenha um monte de luz entre vales de sombra.
O lençol nublado
Um sonho oculta.

Sob a lâmpada ou lua está como a afogada no lago,
Boiando em outra vida...

Como um farol na noite indevassável,
Na escuridão – uma janela acesa,
Os olhos fechados dão testemunho
Do crânio interiormente iluminado.
(Dentro de nós há tanta treva!)

Um grande amor nunca se expande em dois,
Mas arde solitário.

PENSAMENTO LONGE

A leveza de teu vestido
E tuas mãos dizendo adeus.

Eu iria, mesmo com a certeza de não te encontrar,
E voltaria sem te ter visto,
Passeando com a tua lembrança.

Eu caminharia horas e horas pensando em ti,
Sem chegar nunca ao termo do caminho
Onde estivesse escrito: "Aqui se acaba o amor".

FANAL DISTANTE

Estrela sobre o abismo da existência,
Anjo com a espada da separação,
Feito de tempestade e de bonança,
Face voltada,
Que manténs suspenso e errante o meu olhar fixo em ti
E deixas perdido em dúvida aquele que não crê senão
[em teu olhar.
És para mim o castigo divino
Do peregrino que seguisse a estrela altíssima
Noites e noites sem a alcançar
Até cair morto no infindável caminho.

Dias dormidos, como mortos, sob a falta do teu olhar.
Noites acordadas, a caminhar atrás de uma vaga e
[esgarçada refulgência.
Senhor, onde irei parar, em que miragem do alucinado
[pensamento,
[em que ilha dos meus sentidos, em que
[luz extática da alma desacordada?

Vem, morte, dor mais branda,
Com esse olhar estagnado e o sorriso tenaz.
Vem, morte, e mata o amor, vem, morto mar.
E se isto não é morte, o que é o amor?

VARIANTES DE TEMAS ANTIGOS

SOMBRA NO AR

Um resto azul de sono ainda me ilude.
Mais visível se torna o meu fantasma
Turvo, entre a névoa da metamorfose.

Respiro o ar leve que sustenta o mundo.

A vida, nada mais que esse respiro.
Meu olhar, nada mais que essa procura.
Este o mundo a que vim, de pedra e sonho.

Penso: Por que me cerca este cenário?
Quem sou eu para ser digno da vida?
Que farei neste mundo, que direi?

Prefiro à minha voz o som das águas,
E a um pensamento, por maior, prefiro
Que por minha cabeça passe o vento.

Arde a nuvem na luz que além se acende.

Ao longe, o fundo da existência. Sempre
O céu presente, do alto presidindo.

ELEGIA DE ORFEU

Olhando o campo, vejo antigo quadro:
Eurídice passeia pelo prado.

Cheia de flores como uma árvore, ela
Passa, rodeada de esvoaçantes pássaros.

Seu corpo sob a veste transparente
De leve ondula como sombra n'água.

Nisto, invejosa, lívida serpente
Lhe morde o pé. A moça pára, e cai.

Cerrando os olhos, balbucia e expira.
As náiades em volta soluçavam.

Orfeu, ao vê-la, atira-se de joelhos,
Beija-lhe a boca, os olhos, os cabelos,

As mãos inanimadas, os pés nus.
Os alvos membros vão ficando azuis.

"Deuses! Exclama. Eurídice está morta!
"Terra vazia, onde hei de vê-la agora?

"Em que outro corpo abraçarei seu corpo?
"De que boca ouvirei a sua voz?

"Que farei deste amor? Só mesmo a morte
"Poderia arrancá-la de meus braços.

"Casa deserta, quem te habitará?
"Quem entra e sai por ti, aberta porta?

"Dias, anos sem ela, passarão
"Sem glória, em longa, repetida história.

"Secai, prantos do mar, e reste, vácuo,
"Apenas o murmúrio interminável.

"Nuvens, rasgai-vos, falsas glórias do ar,
"Fantasias senis de um deus inútil.

"Flores, murchai. Águas, apodrecei.
"Astros, por que existis? A quem olhais?

"Céus, baixai sobre mim, tapai o mundo
"Onde respiro agora um ar de tumba.

"Terra, outrora jardim, agora cova
"Daquela em que só eu tocava os lábios,

"Guardai seus restos. Da aparência extinta
"Eu sou a verdadeira sepultura.

"Não é a dor que dói em mim, é a morte
"Sem dor, a morte que dói mais que a dor.

"Tristes amigos, não me consoleis,
"Que chore eu só a minha amada só.

"Entregai-me a mim mesmo, abandonai-me.
"Selai meus lábios, arrancai-me os braços,

"Deixai-me as pernas, só, para ficar
"Aqui parado. E olhos, para rever...

"O meu passado é todo o meu presente
"E todo o meu futuro é já passado..."

Ao seu olhar ela se idealizava
Como se, morta, se imortalizasse.

Em sonhos, outra luz em outra treva,
Transfigurada numa névoa aérea

Que ao menor sopro se dissiparia,
A aparição murmura: "Estou aqui.

"Quando quiseres ver-me, fecha os olhos.
"Olha-me bem. Estou dentro de ti.

"Mas se abrires os olhos não verás
"Senão a falta que meu corpo faz."

Orfeu arrebatado, crê e duvida,
Quer despertar, mas teme a realidade.

Tenta sonhar de novo. O amor, mais forte,
Quer ter certeza. O olhar, mais do que vê-la,

Quer tocá-la! Abre os olhos, como um cego,
Como um cego, abre os olhos sem ver nada.

Quem tenta penetrar a claridade
Da outra existência? A porta está fechada.

Vai, agora, tateando o mundo obscuro,
Perdido na neblina do silêncio

Em que se escuta eternamente o mesmo
Som de oceano, gemer de natureza...

Na solidão, ele só via o ideal,
O que está e não está em toda a parte,

E entre as formas procura a única forma.
Não há exemplo igual, em parte alguma.

Não a vê, entre as sombras que se esgueiram
Na terra, nem nas formas que a água arrasta,

Nem no ar desnudo, no ar puríssimo onde
Não há sombras, no qual nada se esconde...

Depois da morte, a realidade abstrata!
O ar vazio, repleto de poesia!

Súbito, a natureza se revolta.
Os vagalhões, as árvores, os ventos,

São bocas ululantes, mãos crispadas.
Ó mundo, és tu a vingadora fúria.

A realidade esquálida estrangula
A vítima que morre com doçura.

Sai-lhe do lábio um verso sem sentido
Como água que não deixa o nome escrito...

Em sua face expande-se o sorriso
De quem quer ser feliz sendo mortal,

E põe sua esperança no infinito,
Devastada planície, mar enxuto,

Onde reflui o sonho do que foi,
Onde o tempo passado continua,

E é o mesmo campo sempre, o mesmo quadro:
Eurídice passeia pelo prado...

PIGMALIÃO

Em dois seios de mármore toquei,
A dois braços inertes me abracei.
A uma perna de pedra me agarrei,

Pelo corpo (ah, é um corpo!) em vão me apaixonei.

METAMORFOSES

Sonho maior que o sonho de quem dorme,
Eu vi, de olhos despertos, fabulosas
Metamorfoses, conexões monstruosas
Entre o olhar e a aparência multiforme.
Eu vi o que a luz expele e a sombra engole.
Vi como na água o corpo em si se enrola,
Quebra-se o torso, a perna se descola
E os braços se desmancham na onda mole.
Vi num espelho alguém cujo reflexo
O transformava noutra criatura.
E num leito de amor já vi perplexo
Seios com olhos! e mudar-se a dura
Nuca em anca, o ombro em joelho, a axila em sexo,
O dorso em coxa, o ventre em fronte pura.

SONETOS PENSATIVOS

O TEMPLO

O azul sem fim, a suave luz escura
Onde a vista se extingue, a curva porta
Do templo onde ressoa a mais absorta
Das músicas, a música da altura.
O azul que ao infinito nos transporta.
O céu angelical é uma pintura.
O azul que inspira uma existência pura,
Azul de luz que a sombra não recorta,
Que tem do sonho a diáfana textura,
Do incenso a transcendência espiritual.
Céu onde o olhar humano ainda procura
O antigo paraíso na lonjura.
Êxtase do silêncio vertical
No espaço, imaginária arquitetura.

CÉU E SONO

Antes que me desperte a madrugada
E eu sinta o vago espanto de quem nasce,
E a claridade me deslumbre a face,
A muda face a sonhos habituada,
Deixo-me estar, sombra desacordada,
Embora um torvo espírito me abrace
E por dentro de mim, noturno, passe
O sono, a obscura percepção do nada
Que tento decifrar com o olhar fito
Na negra página em que nada é escrito.
Divago, e os meus sentidos ultrapasso.
Se não houvesse o céu, não haveria
Sonho, nem sono sem a terra fria.
Tenho vontade de dormir no espaço...

UM DIA

Era a manhã uma hora de agonia,
Uma mortalha lívida e suada.
Entreabria-se o espaço, imenso nada,
Ante a face de um sol que não sorria.
O princípio da luz, a luz manchada,
Mostrava de que treva surge o dia.
Era a manhã esquálida e vazia,
Sem luzes, sem estrelas, apagada.
Era o dia sem sonhos. Só se via
O abismo do ar. Um cerro esbranquiçado.
Sobre o cerro, uma nuvem... Parecia
Que eu havia morrido e despertado
Na claridade pálida de um dia
Sem luzes, sem estrelas, apagado.

SOL FORTE

De olhos abertos enfrentei o assombro.
Tudo o que existe vem de um vago outrora.
Se contemplo o universo, não me assombro.
E o tempo eterno é para mim esta hora.
Não posso erguer o mundo no meu ombro,
Deixo-o rolar. Ao contemplá-la agora
A terra me parece um rude escombro.
Eu me recordo de que em certa aurora
Quis ver o céu – só vi a imensidade...
Nisto medito, embora pouco importe.
Donde provém tanta perplexidade?
Porque, sobre o mistério, um sol tão forte
Que revela a existência e esconde a morte:
Tanto sonho e tão pouca realidade!

O NÁUFRAGO

Gestos inúteis que não deixam traços
Faço, e as ondas me afogam no seu seio.
Uma parece que me parte ao meio,
Outra parece que me arranca os braços.
Sinto o corpo quebrado de cansaços,
E num exausto, sufocado anseio,
Sem ter a que amparar-me, cambaleio,
Sem ter onde pisar, falseio os passos.
Minha tristeza mede-se por léguas
Que venço, não em terra, mas nadando
No caminho do mar que não dá tréguas,
Batendo-me de peito contra mágoas,
Sôfrego, trôpego, gesticulando,
Como um náufrago em vão se agarra às águas...

MONÓLOGO

Estar atento diante do ignorado,
Reconhecer-se no desconhecido,
Olhar o mundo, o espaço iluminado,
E compreender o que não tem sentido.
Guardar o que não pode ser guardado,
Perder o que não pode ser perdido.
– É preciso ser puro, mas cuidado!
É preciso ser livre, mas sentido!
É preciso paciência, e que impaciência!
É preciso pensar, ou esquecer,
E conter a violência, com prudência,
Qual desarmada vítima ao querer
Vingar-se, sim, vingar-se da existência,
E, misteriosamente, não poder.

MOMENTOS

O BECO

No beco escuro e noturno
Vem um gato rente ao muro.
Os passos são de gatuno.
Os olhos são de assassino.

Esgueirando-se, soturno,
Ele me fita no escuro.
Seus passos são de gatuno.
Seus olhos são de assassino.

Afasta-se, taciturno.
Espanta-o o meu vulto obscuro.
Meus passos são de gatuno.
Meus olhos são de assassino.

MULHER CONTEMPLADA

De tamanha beleza branca e nua
Só a nuvem deslumbrada que flutua
E num êxtase lento se extenua...

Só a forma da água que é sensual e pura,
A onda que mais parece uma figura
De carne, e tem uns modos de criatura

Humana, e abraça-se ao penhasco, espuma
Desgrenhada, entregando-se, tal uma
Mulher em prantos... Só, esgazeada, a bruma

Ao sol que irrompe como touro em fúria...
Só, sob o vento, a duna, onde a luxúria
Sabiamente murmura uma lamúria...

MEDITAÇÃO DA CARNE

A luz do quarto é como
A de um lampião na noite,
E embora abra um clarão
A treva continua.

Está nua no quarto.
Está nua na noite.
Eu a olho sem amor
Como se olha uma estátua.

Analiso a substância
Densa, a forma sinuosa.
Deito-me junto à estátua,
Acaricio a estátua.

Nenhuma forma existe
Mais nua do que a humana.

E me perco, me abstraio
Numa longa, profunda
Meditação da carne.

Que mistério há na carne?
Nela, que cheiro de alma!
De que tecido é feita

A carne, de que suave
Seda que não se rasga?

Ao querermos rasgá-la
O que se dilacera
É a nossa própria alma,
E é como se insaciáveis
Mordêssemos um mármore.

Opaca flor de mármore,
Sonho compacto, carne.

Se uma perna se enlaça,
Se um braço se distende,
Se a nuca se adelgaça,
Se a face se esvaece,
Se os cabelos orvalham
A testa, a boca, os olhos,
E o pé, fluente e frágil
A sustenta em seu caule,
Nem a veste do lírio
À carne se compara,
Nem a alma se vestira
De mais leve roupagem.

Sacrílego se torna
O contato da carne.
Ao querermos prová-la
Com a nossa boca morna
De homem que cheira a barro,
Logo nos dessedenta
E nos deixa saciados

Como um excesso de água
O nosso próprio tédio,
A nossa própria náusea,
O peso da delícia
Que homem nenhum suporta.

As carícias irritam,
Transformam-se em sevícias,
Manchas roxas na carne,
Nódoas impressas na alma.

Que mistério há na carne?
Nela, que gosto de alma!

De que tecido é feita
A alma, de que inefável
Gaze que não se rasga?
E ao querermos rasgá-la
O que se dilacera
É a nossa própria carne.

OLHOS FECHADOS

Vejo-a de olhos fechados. Vem sozinha.
Sua veste é uma nuvem que a transporta.
Sou eu que a invento, é uma ilusão só minha,

Sei que ela não existe. Não importa.
Abrindo os braços, para mim caminha,
Visão antiga que eu julgava morta.

O espírito ama a irrealidade. De onde
Surge a imagem abstrata que se esconde
Em mim? e também eu, vendo-a, transponho

A realidade que quer ser sublime
E inventa um nulo amor que só se exprime
No meu recôndito, invisível sonho.

MOMENTO

Esqueço-me dos anos, e dos meses,
E dos dias, das datas. Mas às vezes
Lembro-me de momentos. Rememoro
Um que me fez chorar. E ainda o choro.
Recordo-me de uma hora, céu cinzento,
A terra sacudida pelo vento,
Um terrível momento escuro e imundo
Em que me vi perdido e só no mundo,
Sob os trovões, e estremecendo às vezes
Entre relâmpagos e lividezes...
Lembranças, não antigas, mas presentes.
Lembranças, não saudades, as ausentes.
Sem novas esperanças que despontem
O dia de hoje me parece de ontem.
Nenhuma data, em mim, nenhuma festa.
Meu amanhã é o pouco que me resta.
Eu sou o que não fui e o que quis ser.
Já fiz o que me resta por fazer,
E bem no fundo de meu ser obscuro
Lembro-me antigamente do futuro...

LUZ CEGA

Deixo após mim um rastro de poesia
Quando caminho pela noite adiante
Sozinho sob um céu que me extasia.

As estrelas tão perto e eu tão distante!

Da neblina uma forma se irradia,
De leve andando pela terra nua,
Esgarçada visão, figura fria,

Pálida como uma mulher da lua.

A mulher que eu queria, mesmo morta.
E procuro em seu corpo transparente
A beleza, que o resto não me importa.

Mas é um fantasma apenas, vago e ausente.

Como um farol a imensidão recorta
E em sua esteira a água se doura e estrela,
Onde a vista se embebe e fica absorta,

E a própria treva assim parece bela!

Como na escuridão a cega lua
Sepultada nas trevas, esquecida,
Morta para o universo, mas na sua

Luz sem calor o olhar ainda tem vida!

Como a primeira vez em que vi nua
Uma mulher, beleza que ultrapassa
O sentido carnal, a coisa crua,

Dando-me aos olhos a visão da Graça!

Como numa alegria transcendente
Reverberando nos espaços ocos
O relâmpago ri-se estranhamente!

Assim a noite cheia de olhos loucos

Com tenebroso olhar clarividente
Inventa uma figura desgrenhada
Feita dos raios de um clarão demente,

A treva revolvida, a luz rasgada...

Que visão interior, que luz cegante
Se projeta de mim, e eu me transponho
E penetro no reino deslumbrante...

À noite, tudo me parece sonho...

E entre a névoa encantada passo errante,
Como, com olhos novos, o menino
Sem saber o caminho, vai adiante...

Em sonho, de luz própria me ilumino!

ÚLTIMOS POEMAS

NUVEM ACESA

Uma nuvem – um monumento
Em memória do esquecimento.

No céu que o mundo não perturba
Uma glória longe da turba.

Uma visão propícia, o ensejo
De um inalcançável desejo.

Um cavalo do Apocalipse,
O branco, o da Paz, que surgisse!

Uma cúpula vista de longe
Onde um sino invisível plange.

A Virgem envolta em seu véu
Dentro da gruta azul do céu.

Uma forma que se transforma
Sempre em busca de nova forma.

Bloco de mármore, matéria
Que, lavrada, parece etérea.

Uma nuvem acesa, tema
Digno de absorto, abstrato poema!

OS REIS

Aquele rei de aspecto
Terrível, com seu cetro
E seu andar de espectro.

Aquele rei cativo,
Vencido mas altivo,
De chacotas motivo.

Aquele rei morrendo
Na luta, o rosto horrendo,
Seu cavalo correndo...

Aquele rei banido,
Com o passado no ouvido
Qual do mar o bramido.

Aquele rei augusto
Que alteando o largo busto
Mostra ser forte e justo.

Aquele rei prudente
Com os fortes complacente,
Com os fracos inclemente.

Aquele rei devasso
Folgando no terraço
Entre as damas do paço.

Aquele rei velhaco,
Surdo, de olhar opaco,
Que junta ouro num saco.

Aquele rei decrépito
De bruxedos adepto,
Astuto mas inepto.

Aquele rei demente
Que olha traiçoeiramente
E sorri com um só dente.

Aquele rei profeta
Que insulta, ameaça, inquieta
A turba analfabeta.

Os reis e sua glória,
De quem se escreve a história
Para eterna memória.

Dentro ou fora da lei,
Bom ou mau, rei é rei
E eu sempre os respeitei.

Mas o rei principal,
Personagem fatal
Deste mundo teatral,

É aquele Rei dos Reis
Que igual a Deus se fez.
Mais humano, talvez.

O CORPO DE VÊNUS

Elevo o olhar perplexo
À mais perfeita Vênus,
Com meus olhos terrenos
E meu amor sem nexo
A uma estrela sem sexo;
E absorvo-lhe os reflexos
Puros, azuis e ingênuos.

Amo a estrela da tarde
A impossível irmã!
Que eu só de longe a fite
E, humano, me limite
A me abraçar à vã
Espuma de Afrodite
E ao mármore da Carne.

PAISAGEM

Talvez um fauno de expressão selvagem
Atormentado de uma dor lasciva
Por um aroma que passou na aragem,
Uma ninfa cor de água, fugitiva.
Mais do que na memória evocativa
Esses seres existem na paisagem.
Algum fauno de outrora ainda se esgueira
Entre sombras e troncos, à procura
De uma nudez, e olha, tateia, cheira
Um vestígio de carne, sonho e alma...
Que desejos cruéis, quanta tortura
Nesta paisagem luminosa e calma.

SEPARAÇÃO

Onde andarás sem mim nessas ruas enormes?
Quem te acompanha? Quem contigo ri?
Sob as mesmas cobertas com quem dormes?
Quem te ama senão eu? Quem pensa em ti?

Vagas sem ter aonde ir e sem saber
O que fazer, ou sem prazer nenhum
Em mãos alheias como um bem comum
A outro te entregas sem lhe pertencer.

Estou pensando em ti... Pensar é estar sozinho...

POEMA DO FALSO AMOR

O falso amor imita o verdadeiro
Com tanta perfeição que a diferença
Existente entre o falso e o verdadeiro

É nula. O falso amor é verdadeiro
E o verdadeiro falso. A diferença
Onde está? Qual dos dois é o verdadeiro?

Se o verdadeiro amor pode ser falso
E o falso ser o verdadeiro amor,
Isto faz crer que todo amor é falso

Ou crer que é verdadeiro todo amor.
Ó verdadeiro Amor, pensam que és falso!
Pensam que és verdadeiro, ó falso Amor!

ANTIGA JOVEM

Para sempre esquecida, antiga jovem.
Sobre a sua lembrança caem folhas
Secas no chão e há muito tempo chove...
Já não consigo mais rever o rosto
Sem traços nem o olhar da minha amiga
Há tanto tempo desaparecida,
Aquela que ao morrer tornou-se antiga.

PIETÁ

Essa Mulher causa piedade
Com o filho morto no regaço
Como se ainda o embalasse.
Não ergue os olhos para o céu
À espera de algum milagre
Mas baixa as pálpebras pesadas
Sobre o adorado cadáver.
Ressuscitá-lo ela não pode,
Ressuscitá-lo ela não sabe.
Curva-se toda sobre o filho
Para no seio guardá-lo,
Apertando-o contra o ventre
Com dor maior que a do parto.
Mãe, de Dor te vejo grávida,
Oh, mãe do filho morto!

PIETÁ II

A mãe com o filho morto
Entre os braços.

É uma escultura.

Parado o gesto, o olhar de cega,

a mãe marmórea

Parece morta vendo o filho morto
Tão lívida como ele.

Mãe e filho

Feitos da mesma pedra, ambos talhados
Na mesma matéria dura,
O mesmo mármore, a mesma carne de cadáver.

TESTEMUNHA

Por mais que resplandeça a luz é cega.
É cega a estrela que não alumia
E a luz da grande testemunha, o dia
Que não vê nada e perguntado nega.

CENÁRIO

Tudo é só, a montanha é só, o mar é só,
A lua ainda é mais só.
Se encontrares alguém
Ele está só também.

Que fazes a estas horas nesta rua?
Que solidão é a tua
Que te faz procurar
O cenário maior,
O de uma solidão maior que a tua!

TOCATA E FUGA

É tudo aquilo que só existe no ar,
O que de nós, além de nós, se expande.
É a vertigem para o alto, igual à grande
Tocata e fuga em ré menor de Bach.
É o delírio de um bêbedo num bar...
É um não sair do chão por mais que se ande...

Tudo que em mim, somente em mim existe,
Me transporta, me absorve, me suspende,
Me faz sorrir embora eu esteja triste,
Triste naquele universal sentido
Que a música interpreta e se compreende
Sem que em palavras seja traduzido.

LIÇÃO DE MÚSICA

A tela representa uma figura
Absorta, ao piano. Luz azul sombria.
A janela clareia a sala escura.
De onde vêm essa música e esse dia?
E quem na tela reconheceria
Aquela face atenta, abstrata e pura?

O que há de oculto em nós e que é só nosso,
Embora atual, parece o sonho antigo
De uma pedra no fundo de um remanso.
Sobre mim passa esta água sem descanso.
Mal consigo espirar isto que digo,
Estou submerso e dizer mais não posso.

BIOBIBLIOGRAFIA

Assim como Leopardi, poeta de sua mais alta estima e sobre quem pronunciou uma conferência memorável no Istituto Italiano di Cultura, Dante Milano não tem o que se poderia considerar uma biografia ou, se a tivesse, seria o que aqui chamaríamos de história de uma alma. Nasceu o poeta a 16 de junho de 1899, em São Cristóvão, no Rio de Janeiro, que era o bairro do imperador Pedro II, filho de Nicolino Milano e Corina Milano. A mãe era exímia pianista e, nessa condição, acompanhou o marido, violinista, em diversos concertos. O pai de Dante Milano, aliás, viveu muitos anos na Europa, onde alcançou muito sucesso como instrumentista. O poeta freqüentou a escola pública de seu bairro e, depois, uma outra em Lins de Vasconcelos. Por essa época, seu avô, que era dono de uma loja de colchões, fornecedor do imperador, perdeu quase tudo em razão de dois incêndios em sua pequena empresa. Durante esses anos, Dante Milano já havia perdido o convívio do pai, que, separado da mãe, viajara para a Europa. A família ficou quase na miséria, e o poeta não pôde cursar o ginásio, tornando-se então autodidata. Aprendeu inglês, francês e italiano às próprias custas e, ainda adolescente, foi trabalhar como ajudante de revisor na redação do *Jornal da Manhã* e, pouco depois, do

Jornal do Commercio. Tinha então apenas 14 anos de idade. Aos 17, quando a família passou a residir no "buraco quente", um dos lugares mais pobres de São Cristóvão, Dante Milano conseguiu um emprego de revisor na *Gazeta de Notícias*, em cuja redação conheceu um português, Pinto de Sousa, que lhe ensinou os primeiros rudimentos de literatura portuguesa. Data dessa época seu conhecimento da poesia de Camões, poeta que, como Horácio, Virgílio, Dante Alighieri, Petrarca, Leopardi, Baudelaire e Mallarmé, tornaram-se seus mestres supremos. Foi aquele português, um ex-padre exilado por motivos políticos, que, como confessa Dante Milano, levou-o a escrever o primeiro poema de sua vida.

A existência crivada de agruras que até então levara o poeta, sofreu sensível modificação quando este, pouco depois, conheceu Álvaro Ribeiro da Costa, ministro do Supremo Tribunal Federal. Ribeiro da Costa tornou-se grande amigo e admirador de Dante Milano, arranjando-lhe o primeiro emprego que teve depois de sua breve passagem pelas redações dos jornais cariocas. Foi o poeta trabalhar então no Setor de Recenseamento do Estado e, por essa época, conheceu o diplomata e também poeta Olegário Mariano, a quem se uniu por forte e duradoura amizade. Diz a viúva do poeta, Alda Milano, que Olegário era um verdadeiro irmão para Dante, não tardando em obter-lhe um emprego na Ilha das Cobras. Pouco depois, já na década de 1920, conheceu também Aníbal Machado, que lhe conseguiu um posto no Juizado de Menores do Rio de Janeiro. E daí em diante sucederam-se as grandes amizades propriamente artístico-literárias: Manuel Bandeira, Jaime Ovalle, Murilo

Mendes, Cândido Portinari, Emiliano di Cavalcanti, Heitor Villa-Lobos, Oswaldo Costa, Fujita, Mário de Andrade e Ribeiro Couto, com os quais conviveu intensamente o poeta durante as décadas de 1930 e 1940, ora no Curvelo, em Santa Teresa, ora na Lapa, onde residiu próximo ao apartamento em que morava Manuel Bandeira, talvez o maior dentre todos os seus amigos, ora ainda no Bar Nacional, na antiga Galeria Cruzeiro, ponto de encontro obrigatório da intelectualidade da época.

Na verdade, eram os integrantes do movimento modernista de 1922, que Dante Milano, entretanto, acompanhou apenas à distância. Todos os poetas desse período já haviam publicado alguns de seus livros mais significativos, mas Dante Milano insistia em permanecer inédito, antecipando assim aquela "vocação póstuma" a que sempre se atribuiu. Consentia apenas em que alguns de seus poemas fossem publicados em jornais, revistas e suplementos literários da época, como o *Boletim de Ariel* e *Autores e Livros*. Em 1935 organizou e editou pela Ariel, do Rio de Janeiro, uma *Antologia de poetas modernos*. Ainda por esse tempo traduziu algumas das odes de Horácio e os cantos V, XXV e XXXIII no *Inferno* dantesco, depois publicados nos *Cadernos de Cultura* que Simeão Leal editava no Ministério da Educação. Posteriormente verteria também para o português 38 poemas de Baudelaire e três de Mallarmé, somente reunidos em 1988 pela Editora Boca da Noite sob o título de *Poemas traduzidos de Baudelaire e Mallarmé*. Suas traduções dos versos de Dante Alighieri são consideradas pelos especialistas como as mais perfeitas que já se fizeram entre nós, e a propósito dessa proeza ficou célebre a frase que Dante Milano escreveu, em seu prefácio àquela tradução, sobre as dificuldades que enfrentam aqueles que se dispõem a transplantar para outra língua qualquer texto poético: "Pode-se traduzir o que um poeta *quis dizer*, mas nunca o que ele *disse*."

Finalmente em 1948, aos 49 anos de idade e à sua revelia, foi dado à estampa o volume das *Poesias*, de Dante Milano, pela Editora José Olympio, depois de uma tentativa abortada de fazê-lo pela Imprensa Nacional. Segundo poetas e escritores da época, foi o grande acontecimento do ano, tendo a obra recebido, nesse mesmo ano, o Prêmio Filipe de Oliveira, da Sociedade Filipe de Oliveira, que corresponderia hoje, em importância literária, ao Prêmio Jabuti, da Câmara Brasileira do Livro. Com suas *Poesias*, Dante Milano obteve dos jurados 19 votos contra oito concedidos aos *Poemas*, de Joaquim Cardozo, que também estreava como poeta. São impressionantes e unânimes os comentários de seus confrades acerca dessa premiação, já que todos o incluíam entre os maiores poetas do país. Era a consagração oficial, uma consagração jamais desejada pelo poeta, que detestava a popularidade e tudo aquilo que lhe soubesse a "rumor de falsa glória", como diz em um de seus poemas. Autor desse livro único, permitiu o poeta que o mesmo fosse reeditado por mais duas vezes, em 1958, pela Editora Agir, e em 1971, pela Editora Sabiá. Em 1979, finalmente, o Núcleo Editorial da UERJ e a Civilização Brasileira se associaram para publicar, com organização de Virgílio Costa, *Dante Milano, Poesia e prosa*, reunindo não apenas todos os poemas que até então escrevera o autor, mas também suas traduções de Baudelaire e Dante Alighieri e seus textos inéditos em prosa, a prosa publicada em jornais, os estudos literários e os dois memoráveis ensaios críticos "O verso dantesco" e "Leopardi", além de uma importante fortuna crítica. A última edição das *Poesias*, de Dante Milano, já é póstuma, data de 1994 e foi publicada em Petrópolis pela Editora Firmo.

Embora recluso e avesso às rodas literárias, Dante Milano sempre cultivou muitas e sólidas amizades, sobretudo enquanto viveu no Rio de Janeiro, cidade da qual se ausentou uma única vez em toda a sua longa vida para visitar o amigo Portinari em Brodósqui, no interior de São Paulo. No dia seguinte, "morto de saudades", regressou ao Rio. O curioso com relação a esse apego por sua cidade natal é que nenhum de seus poemas jamais a menciona explicitamente. Dante Milano tinha horror a todas as formas de regionalismo, e disso dá prova cabal a absoluta universalidade de sua poesia, que, a rigor, não se inscreve em nenhum espaço geográfico determinado, como tampouco se situa em qualquer período de tempo. De sólidas e fundas raízes clássicas e herdeira das melhores e mais caras tradições da língua, ela é, não obstante, de uma perene e estranha modernidade não só pela forma e linguagem, mas também pela maneira como o poeta tratava seus temas e problemas. Como T. S. Eliot, Dante Milano é um poeta do pantempo.

Funcionário público do Ministério da Justiça até se aposentar em 1964, além de organizador e diretor do Museu da Polícia e chefe de gabinete do ministro Álvaro Ribeiro da Costa, Dante Milano passou boa parte de sua vida num pequeno apartamento do bairro do Leme e, a partir de 1985, devido a um acidente automobilístico que lhe custou a fratura do fêmur, em sua casa de Petrópolis. Alheio ao prestígio e às honrarias, ainda assim o PEN Club do Brasil distinguiu-o com o Prêmio Luísa Cláudio de Sousa em 1982 e, em 1988, a Academia Brasileira de Letras concedeu-lhe o Prêmio Machado de Assis pelo conjunto da obra. Muito insistiram os acadêmicos para que Dante Milano se candidatasse a uma vaga na casa de Machado de Assis, assegurando-lhe que a vitória seria uma questão de favas contadas, mas o poeta sempre se recusou a fazê-lo. Escultor bissexto, diz ele que por "invenção" de Manuel Bandeira, entalhou os bustos deste, de sua mulher, de Ernesto Nazareth e de Yeda Schmidt, esposa do poeta Augusto Frederico Schmidt. Embora hajam sido tais bustos muito louvados por Ceschiatti e Bruno Giorgi, Dante Milano jamais se levou a sério como escultor, tendo chegado mesmo a dizer, em entrevista que concedeu à artista plástica Denira Rozario, que o que o atraía "não era a escultura, e sim o modelo...".

Em 1987, quase inteiramente esquecido de seus pares, Dante Milano foi lembrado por Carlos Drummond de Andrade em entrevista que deu a Geneton de Morais, no *Jornal do Brasil*, nos seguintes termos: "A popularidade nada tem a ver com a poesia. A popularidade pode acontecer. Mas um grande poeta pode também passar despercebido. Temos um poeta de quase noventa anos que mora em Petrópolis e ninguém o conhece. Ele é da geração modernista, um grandíssimo poeta. Chama-se Dante Milano." E logo adiante: "Dante Milano é um poeta de extraordinária qualidade que não tem a mínima popularidade. Se você perguntar a um estudante quem é Dante Milano, ele não sabe. Se perguntar quais são os melhores poetas brasileiros, ele não inclui Dante Milano. A popularidade então não tem a menor importância." Foi o bastante para que se desencadeasse um verdadeiro *revival* em torno da obra esquecida do poeta. Sucederam-se entrevistas e reportagens, bem como depoimentos de importantes escritores em jornais e revistas. A TVE chegou mesmo a fazer um longo vídeo sobre a vida do autor. Dante tentava escapar, mas o assédio era muito intenso. À comemoração de seus noventa anos, no apartamento de Odylo Costa Filho, compareceram inúmeros intelectuais e escritores cariocas. De repente, Dante Milano fora redescoberto e todos queriam prestar sua homenagem àquele poeta que se escondera do mundo, fiel ao que ele próprio um dia definiu como "rumor de falsa glória".

Casado com Alda Milano e pai de duas filhas que lhe deram outros tantos netos, Dante Milano era irmão do também poeta Attílio Milano, já falecido. Exilado em Petrópolis desde 1985 por razões de saúde, sua vida social reduziu-se a quase nada, e eram poucos, ou mesmo pouquíssimos, os que subiam a serra para visitá-lo, a exemplo de Otto Lara Resende e João Cabral de Melo Neto. Em 1987, André Andries fez sobre o poeta o vídeo *Tudo e exílio*, cujo título bem se aplica àquele que, por "vocação póstuma", sempre fugiu da vida mundana e das glórias efêmeras. Sua biografia é pouco mais ou pouco menos do que isto, tanto assim que, em sua dissertação de mestrado, intitulada *Um certo Dante*, Thomaz Albornoz Neves sustenta: "Nem todas as fontes coletadas, nem tudo o que foi declarado, nem mesmo o próprio Dante Milano disse a seu respeito, deixa de apontar para o único fato indiscutível nesta biografia experimental – a ausência do biografado." A visão que tinha Dante Milano da poesia e do papel do poeta pode ser resumida neste pensamento incluído numa de suas anotações: "A missão do poeta não é a de inventar uma nova poesia, mas a de não deixar a poesia morrer." E sobre a fama que o repugnava escreveu: "A glória é, ou era, a ambição de ser admirado por toda a humanidade. A admiração da humanidade por um indivíduo exigiria uma correspondente admiração do indivíduo pela humanidade, falsa, porque a humanidade não é digna de admiração mas de piedade."

Dante Milano morreu na manhã de 15 de abril de 1991, pouco antes de completar 92 anos de idade, e foi sepultado no Cemitério São Francisco Xavier, no Caju. Nenhum escritor ou intelectual compareceu à cerimônia fúnebre, à exceção de Lêdo Ivo e do organizador desta seleta de seus "melhores poemas". Ficaram apenas a lembrança e a saudade dos que o amaram em vida. E que agora se indagam, fazendo coro com aquela tópica medieval: *Ubi sunt qui ante nos in hoc mundo fuere?*

BIBLIOGRAFIA

ANDRADE, Carlos Drummond de. "A geografia dos títulos". In: *Correio da Manhã*, Rio de Janeiro, 21/11/1948.

_____. Referência especial. In: *Jornal do Brasil*, Rio de Janeiro, 1977.

_____. Apud Geneton de Moraes, entrevista no *Jornal do Brasil*, Rio de Janeiro, 8/8/1987.

ANDRIES, André. *Tudo é exílio* (documentário em vídeo). Rio de Janeiro, produção independente, 1987.

BANDEIRA, Manuel. "Dante Milano". In: *Política e Letras*, Rio de Janeiro, 7/10/1948.

_____. "Dante Milano", crônica lida no programa *Grandes Poetas do Brasil*, Rádio Roquete Pinto, Rio de Janeiro, 13-17/9/1964.

BONFIM, Paulo. "Preferi ser um poeta póstumo" (entrevista). In: *Jornal do Brasil*, Rio de Janeiro, 23/4/1980.

BRITO, Mário da Silva. "Dante Milano". In: *Revista Brasileira de Poesia*, São Paulo, fev. 1949.

CAMPOS, Paulo Mendes. "Lição de Dante Milano". In: *Manchete*, Rio de Janeiro, 16/5/1953.

_____. "O antilirismo de um grande poeta brasileiro". In: *Jornal do Brasil*, Rio de Janeiro, 29/1/1972.

CARPEAUX, Otto Maria. "Poesias de Dante Milano". In: *A Manhã*, Rio de Janeiro, 3/10/1948.

COSTA, Américo de Oliveira. Artigo no *Diário de Natal*, Natal, 14/9/1949.

COSTA, Virgílio. "Apresentação de Dante Milano". In: *Dante Milano. Poesia e prosa*. Rio de Janeiro, Núcleo Editorial da UERJ/Civilização Brasileira, 1979.

COSTA FILHO, Odylo. "A poesia e o poeta". In: *Jornal de Letras*, Rio de Janeiro, fev. 1950.

FONSECA, José Paulo Moreira da. Artigo na *Folha de São Paulo*, São Paulo, 20/10/1957.

GARCIA, S. *O homem e sua paisagem* (documentário em vídeo). Rio de Janeiro, TVE, 1989.

GUIMARAENS FILHO, Alphonsus de. Artigo em *O Estado de S. Paulo*, São Paulo, 14/7/1949.

GUMBRECHT, H. V. "História da literatura: fragmento de uma totalidade desaparecida?". In: OLINTO, H. K. (ed.), *Histórias da literatura. Novas perspectivas*. São Paulo, Ática, 1994.

HERNA, M. "Dante Milano". In: *Última Hora*, Rio de Janeiro, 12/12/1940.

HOLANDA, Sérgio Buarque de. "Mar enxuto". In: *Diário de Notícias*, Rio de Janeiro, 6/3/1949.

_____ . Ibidem. In: *Cobra de vidro*. São Paulo, Perspectiva, Col. Debates, 1978.

JUNQUEIRA, Ivan. "Dante Milano. Sim, leitor, dantesco". In: *O Globo*, Rio de Janeiro, 13/1/1980.

_____ . "Dante Milano: poeta do pensamento". In: *À sombra de Orfeu*. Rio de Janeiro, Nórdica/INL, 1984.

_____ . Ibidem. In: *Poesias de Dante Milano*. Petrópolis, Firmo, 1994.

_____ . "Um gênio esquecido" (entrevista). In "Idéias", *Jornal do Brasil*, Rio de Janeiro, 29/8/1987.

_____ . "Dante Milano: poeta do pensamento". In: *Diário de Petrópolis*, Petrópolis, 16/4/1995.

KAPLAN, Sheila. "A felicidade de ser um pequeno grande poeta" (entrevista). In: *O Globo*, Rio de Janeiro, 20/4/1984.

LEÃO, Múcio. "Poesias de Dante Milano". In: *A Manhã*, Rio de Janeiro, 10/10/1948.

MENDES, Oscar. Artigo em *O Diário de Belo Horizonte*, Belo Horizonte, 7/11/1949.

MILANO, Attílio. "As Poesias de Dante Milano". In: *O Jornal*, Rio de Janeiro, 26/9/1948.

NEVES, Thomaz Albornoz. *Um certo Dante*, dissertação de mestrado apresentada no Departamento de Letras da Pontifícia Universidade Católica do Rio de Janeiro, fev. 1996.

OLIVEIRA, Franklin de. "A claridade estelar". In: *Correio da Manhã*, Rio de Janeiro, 30/1/1972.

PORTELA, Eduardo. Recorte de jornal não identificado, Rio de Janeiro, 5/7/1949.

REGO, José Lins do. "O poeta Dante Milano". In: *O Globo*, Rio de Janeiro, 21/9/1948.

RESENDE, Otto Lara. "Poeta é o Dante". In: *O Globo*, Rio de Janeiro, 2/5/1989.

_____ ."A morte rompe o segredo". Ibidem, 21/4/1991.

ROZÁRIO, Denira. *Palavra de poeta* (entrevista). Rio de Janeiro, José Olympio, 1989.

SCHMIDT, Augusto Frederico. "Saudação a Dante Milano". In: *Correio da Manhã*, Rio de Janeiro, 31/10/1948.

_____ . "A máscara de Manuel". In: Correio da Manhã, Rio de Janeiro, 20/11/1949.

Silveira, Tasso da. Artigo em *A Manhã*, Rio de Janeiro, 24/10/1948.

Tolentino, Bruno. *Os sapos de ontem*. Rio de Janeiro, Diadorim, 1995.

Vieira, Gustavo. "O maior dos poetas". In: "Segundo Caderno", *O Globo*, Rio de Janeiro, 2/5/1989.

_____. "Parabéns ao poeta". In: "Segundo Caderno", *O Globo*, Rio de Janeiro, 10/5/1989.

Vieira, José Geraldo. Artigo no *Jornal de Notícias*, São Paulo, 5/12/1948.

_____. Artigo em *Letras e Artes*, Rio de Janeiro, 9/1/1949.

ÍNDICE

Dante Milano: o pensamento emocionado 7

Sonetos e Fragmentos

I	47
III	48
IV	49
V	50
VI	51
VII	52
IX	53
O homem e a sua paisagem	54
Ao tempo	55
Moinho	56
Pedra	57
Cantiga	58
Tercetos	59

Algumas Canções

Descobrimento da poesia	63
A partida	64
A busca	65

Gruta 66
Canção inútil 67

Reflexos

O bêbedo 71
Imagem 72
Corpo 74
A morte em sonho 75

Distâncias

Escultura 79
Praia deserta 80
Flecha 81
Mendigo 82
Glória morta 83
Baixo-relevo funerário 84
Princípio da noite 85
O centro da noite 86

Terra de Ninguém

Os trabalhos do mundo 89
A ponte 90
Vozes abafadas 92
Salmo perdido 93
Máscara 94
Terra de ninguém 96

Paisagens Submersas

Vigília 99
Pensamento longe 100
Fanal distante 101

Variantes de Temas Antigos

Sombra no ar 105
Elegia de Orfeu 106
Pigmalião 111
Metamorfoses 112

Sonetos Pensativos

O templo 115
Céu e sono 116
Um dia 117
Sol forte 118
O náufrago 119
Monólogo 120

Momentos

O beco 123
Mulher contemplada 124
Meditação da carne 125
Olhos fechados 128
Momento 129
Luz cega 130

Últimos Poemas

Nuvem acesa 135
Os reis 136
O corpo de Vênus 139
Paisagem 140
Separação 141
Poema do falso amor 142
Antiga jovem 143
Pietá 144
Pietá II 145
Testemunha 146
Cenário 147
Tocata e fuga 148
Lição de música 149

Biobibliografia 151
Bibliografia 159

COLEÇÃO MELHORES POEMAS

CASTRO ALVES
Seleção e prefácio de Lêdo Ivo

LÊDO IVO
Seleção e prefácio de Sergio Alves Peixoto

FERREIRA GULLAR
Seleção e prefácio de Alfredo Bosi

MARIO QUINTANA
Seleção e prefácio de Fausto Cunha

CARLOS PENA FILHO
Seleção e prefácio de Edilberto Coutinho

TOMÁS ANTÔNIO GONZAGA
Seleção e prefácio de Alexandre Eulalio

MANUEL BANDEIRA
Seleção e prefácio de Francisco de Assis Barbosa

CECÍLIA MEIRELES
Seleção e prefácio de Maria Fernanda

CARLOS NEJAR
Seleção e prefácio de Léo Gilson Ribeiro

LUÍS DE CAMÕES
Seleção e prefácio de Leodegário A. de Azevedo Filho

GREGÓRIO DE MATOS
Seleção e prefácio de Darcy Damasceno

ÁLVARES DE AZEVEDO
Seleção e prefácio de Antonio Candido

MÁRIO FAUSTINO
Seleção e prefácio de Benedito Nunes

ALPHONSUS DE GUIMARAENS
Seleção e prefácio de Alphonsus de Guimaraens Filho

OLAVO BILAC
Seleção e prefácio de Marisa Lajolo

JOÃO CABRAL DE MELO NETO
Seleção e prefácio de Antonio Carlos Secchin

FERNANDO PESSOA
Seleção e prefácio de Teresa Rita Lopes

AUGUSTO DOS ANJOS
Seleção e prefácio de José Paulo Paes

BOCAGE
Seleção e prefácio de Cleonice Berardinelli

MÁRIO DE ANDRADE
Seleção e prefácio de Gilda de Mello e Souza

PAULO MENDES CAMPOS
Seleção e prefácio de Guilhermino César

LUÍS DELFINO
Seleção e prefácio de Lauro Junkes

GONÇALVES DIAS
Seleção e prefácio de José Carlos Garbuglio

AFFONSO ROMANO DE SANT'ANNA
Seleção e prefácio de Donaldo Schüler

HAROLDO DE CAMPOS
Seleção e prefácio de Inês Oseki-Dépré

GILBERTO MENDONÇA TELES
Seleção e prefácio de Luiz Busatto

GUILHERME DE ALMEIDA
Seleção e prefácio de Carlos Vogt

JORGE DE LIMA
Seleção e prefácio de Gilberto Mendonça Teles

CASIMIRO DE ABREU
Seleção e prefácio de Rubem Braga

MURILO MENDES
Seleção e prefácio de Luciana Stegagno Picchio

PAULO LEMINSKI
Seleção e prefácio de Fred Góes e Álvaro Marins

RAIMUNDO CORREIA
Seleção e prefácio de Telenia Hill

CRUZ E SOUSA
Seleção e prefácio de Flávio Aguiar

DANTE MILANO
Seleção e prefácio de Ivan Junqueira

JOSÉ PAULO PAES
Seleção e prefácio de Davi Arrigucci Jr.

CLÁUDIO MANUEL DA COSTA
Seleção e prefácio de Francisco Iglésias

MACHADO DE ASSIS
Seleção e prefácio de Alexei Bueno

HENRIQUETA LISBOA
Seleção e prefácio de Fábio Lucas

AUGUSTO MEYER
Seleção e prefácio de Tania Franco Carvalhal

RIBEIRO COUTO
Seleção e prefácio de José Almino

RAUL DE LEONI
Seleção e prefácio de Pedro Lyra

ALVARENGA PEIXOTO
Seleção e prefácio de Antonio Arnoni Prado

CASSIANO RICARDO
Seleção e prefácio de Luiza Franco Moreira

BUENO DE RIVERA
Seleção e prefácio de Affonso Romano de Sant'Anna

IVAN JUNQUEIRA
Seleção e prefácio de Ricardo Thomé

CORA CORALINA
Seleção e prefácio de Darcy França Denófrio

ANTERO DE QUENTAL
Seleção e prefácio de Benjamin Abdalla Junior

NAURO MACHADO
Seleção e prefácio de Hildeberto Barbosa Filho

FAGUNDES VARELA
Seleção e prefácio de Antonio Carlos Secchin

CESÁRIO VERDE
Seleção e prefácio de Leyla Perrone-Moisés

FLORBELA ESPANCA
Seleção e prefácio de Zina Bellodi

VICENTE DE CARVALHO
Seleção e prefácio de Cláudio Murilo Leal

PATATIVA DO ASSARÉ
Seleção e prefácio de Cláudio Portella

ALBERTO DA COSTA E SILVA
Seleção e prefácio de André Seffrin

ALBERTO DE OLIVEIRA
Seleção e prefácio de Sânzio de Azevedo

WALMIR AYALA
Seleção e prefácio de Marco Lucchesi

ALPHONSUS DE GUIMARAENS FILHO
Seleção e prefácio de Afonso Henriques Neto

ARMANDO FREITAS FILHO
Seleção e prefácio de Heloísa Buarque de Hollanda

ÁLVARO ALVES DE FARIA*
Seleção e prefácio de Carlos Felipe Moisés

MÁRIO DE SÁ-CARNEIRO*
Seleção e prefácio de Lucila Nogueira

SOUSÂNDRADE*
Seleção e prefácio de Adriano Espínola

LUIZ DE MIRANDA*
Seleção e prefácio de Regina Zilbermann

PRELO*

COLEÇÃO MELHORES CONTOS

ANÍBAL MACHADO
Seleção e prefácio de Antonio Dimas

LYGIA FAGUNDES TELLES
Seleção e prefácio de Eduardo Portella

BRENO ACCIOLY
Seleção e prefácio de Ricardo Ramos

MARQUES REBELO
Seleção e prefácio de Ary Quintella

MOACYR SCLIAR
Seleção e prefácio de Regina Zilbermann

MACHADO DE ASSIS
Seleção e prefácio de Domício Proença Filho

HERBERTO SALES
Seleção e prefácio de Judith Grossmann

RUBEM BRAGA
Seleção e prefácio de Davi Arrigucci Jr.

LIMA BARRETO
Seleção e prefácio de Francisco de Assis Barbosa

JOÃO ANTÔNIO
Seleção e prefácio de Antônio Hohlfeldt

EÇA DE QUEIRÓS
Seleção e prefácio de Herberto Sales

MÁRIO DE ANDRADE
Seleção e prefácio de Telê Ancona Lopez

LUIZ VILELA
Seleção e prefácio de Wilson Martins

J. J. VEIGA
Seleção e prefácio de J. Aderaldo Castello

JOÃO DO RIO
Seleção e prefácio de Helena Parente Cunha

IGNÁCIO DE LOYOLA BRANDÃO
Seleção e prefácio de Deonísio da Silva

LÊDO IVO
Seleção e prefácio de Afrânio Coutinho

RICARDO RAMOS
Seleção e prefácio de Bella Jozef

MARCOS REY
Seleção e prefácio de Fábio Lucas

SIMÕES LOPES NETO
Seleção e prefácio de Dionísio Toledo

HERMILO BORBA FILHO
Seleção e prefácio de Silvio Roberto de Oliveira

BERNARDO ÉLIS
Seleção e prefácio de Gilberto Mendonça Teles

AUTRAN DOURADO
Seleção e prefácio de João Luiz Lafetá

JOEL SILVEIRA
Seleção e prefácio de Lêdo Ivo

JOÃO ALPHONSUS
Seleção e prefácio de Afonso Henriques Neto

ARTUR AZEVEDO
Seleção e prefácio de Antonio Martins de Araújo

RIBEIRO COUTO
Seleção e prefácio de Alberto Venancio Filho

OSMAN LINS
Seleção e prefácio de Sandra Nitrini

ORÍGENES LESSA
Seleção e prefácio de Glória Pondé

DOMINGOS PELLEGRINI
Seleção e prefácio de Miguel Sanches Neto

CAIO FERNANDO ABREU
Seleção e prefácio de Marcelo Secron Bessa

EDLA VAN STEEN
Seleção e prefácio de Antonio Carlos Secchin

FAUSTO WOLFF
Seleção e prefácio de André Seffrin

AURÉLIO BUARQUE DE HOLANDA
Seleção e prefácio de Luciano Rosa

ALUÍSIO AZEVEDO
Seleção e prefácio de Ubiratan Machado

ARY QUINTELLA*
Seleção e prefácio de Mônica Rector

*PRELO**

GRÁFICA PAYM
Tel. (011) 4392-3344
paym@terra.com.br